Big Fat Cat GOES TO TOWN

Takahiko Mukoyama
Tetsuo Takashima
with studio ET CETERA

GENTOSHA

はじめに

すでに猫とエドをよくご存知のみなさま、
再びお会いできたことをうれしく思います。
また、今回がはじめてのみなさま、ようこそ BFC の世界へ！

前作とちがって、ちょっと劇的な数時間の出来事を綴る
今回の『ビッグ・ファット・キャット、街へ行く』。
──ここまでのお話を知っているという方は、
ページをめくったら右側のページからすぐにエヴァーヴィルへ向かってください。

今回がはじめてという方は、まず次ページのあらすじに
ひととおり目を通してからエヴァーヴィルへとお進みください。

それでは向こうでお会いしましょう！　良い旅を！

これまでのあらすじ

　お人よしのパイ屋さん、エド・ウィッシュボーンは「パイ・ヘヴン」の開業以来、大きな太った猫にパイを食い荒らされるのが悩みの種だった。しかし、ひょんなことから猫を助けることになったエドは、なんの因果か猫を店で飼うことになってしまう。飼い慣らせば悪さもしなくなるだろうともくろんでいたのだが、猫は一向になつく気配がなく、エドがちょっとでも目を離せば、一番売れる商品であるブルーベリー・パイばかりを盗み食いするのだった。なんとかお仕置きをしようと、辛いものが苦手な猫にマスタード入りのパイを作ってはみたものの、猫の悪知恵と自らの人のよさのために失敗に終わる。

　そんな他愛もないけれど平和な日常は、永遠に続くかと思われた。しかし、突然店に現れた灰色の帽子の男によって、エドの小さな幸せは破られてしまう。男が差し出したのは立ち退き通知書。なんと、エドの店があるアウトサイド・モールは明日取り壊されるというのだ！

　あわてたエドはアウトサイド・モールのオーナーに事情を聞こうと南エヴァーヴィルの高級住宅街へ向かったが、オーナーは留守だった。家の前で待つことにしたものの、いつまで経ってもオーナーは帰ってこない。そして、寒い一夜が明けて、ついに窓から家の中をのぞき込んだエドは愕然となった。家はもぬけの殻。オーナーはとっくに夜逃げしたあとだったのだ。

　エドはどうしたらいいのか分からないまま、朝のバスで店へ引き返すことになった。その車中、何があっても最後まで戦い抜いて、店を守り抜く決意を固める。しかし、アウトサイド・モールに戻ったエドを待っていたのは、すでに半分取り壊されたパイ・ヘヴンの無残な姿だった。エドにできたのは、崩れゆく店からかろうじて猫を救い出すことだけ。すべてを一日で失い、猫とともに寒い冬の路頭に放り出されたエドは、ただ黙って瓦礫の山となった自分の夢を見つめるしかなかった……。

Big Fat Cat Goes to Town

「街へ行く」、「街へ出る」というと、どんなイメージが頭に浮かびますか？
近くの繁華街へ買い物に出かけることですか？
東京やニューヨークのような大都会へ旅行することですか？
それとも大人になって、親元を離れて旅立つことですか？

今、大切なものを失って、エドもまた街へ出ます。
すべての人が一度は出なければならない、
あの大きく華やかで、そして時にとても冷たい街に。

It was sunset on Valley Mills Drive, one of the two main roads of Everville. Ed Wishbone and his cat slowly walked along the road toward the center of town. Valley Mills Drive runs straight through the middle of Everville and into the Spyglass Mountains. A lot of people travel on this road.

Most of them use cars.

Until yesterday, Ed was a reasonably happy man owning a small pie shop.

Now Ed had no home, no shop, no job, and no place to sleep. He hadn't slept all night and was very, very tired. On top of this, it had started raining a while ago.

Ed had only a half-broken umbrella which he had found in the remains of his shop. Now he was homeless, shopless, unemployed, sleepy, and also wet. He was so tired that he didn't even realize the rain had stopped.

残がい = remains
仕事を失った = unemployed
気づく = realize

Ed Wishbone had lost everything in one day.

Well, almost everything.

"Ouch!"

Ed jumped at a sudden pain in his left leg. The cat had scratched him.

"What are you doing!?"

The cat scratched him again and jumped at the bag Ed was holding.

"Ow! I understand, okay!?"

Ed found a spot by the road and sat down. The cat could not wait. It scratched at the bag's zipper with its front paw.

"Okay, okay."

Ed snatched the bag away from the cat. The cat attacked back angrily.

Ed opened the bag and took out a barbecued beef sandwich. He had bought it at a roadside shack several hours ago and had almost forgotten about it. He tore off a small piece and held it out to the cat. The hungry cat jumped up and snatched the other half instead.

"Cat! Give that back! You...!!"

The cat dashed away with most of the sandwich in its mouth. Ed sighed and shook his head.

"Never mind."

  Directly in front of Ed, a huge roadside billboard advertised the New Everville Mall. Across the top of the billboard, "The New Everville Mall" was printed in golden letters, along with the phrase "Never too late to join the fun!" A beautiful picture of the mall was below the words.

Ed read the words to himself as he nibbled the remains of his sandwich. He felt so small.

There were also a few lines printed in the lower right corner of the board.

Vacancy in Food Court.

Ed read it once more as if he didn't understand.

Vacancy.

No way, a voice inside him said. *Don't even think about it. You know they require more than a year's rent in advance. You barely have enough money for two months' rent. You are going to embarrass yourself if you apply. Forget it, Ed.*

Still, Ed continued to stare at the billboard. The cat had finished its sandwich and was scratching at the bag for more. Ed moved the bag to his other side without taking his eyes off the sign. The cat moved to his other side too. It apparently recognized the smell of blueberries from the rolling pin inside the bag.

"Cat, stop that. I'm going to..."

Ed stood there, dazed. Brown water dripped from his hair. The limousine stopped and backed up a few yards, and a man about the same age as Ed spoke through the rear window.

"Sorry about that."

Ed just nodded. Water continued to drip from his hair.

A well-groomed white cat also popped its head out of the window. An expensive kind of cat. The Big Fat Cat saw it and looked away. The white cat just smirked.

"Here. Take this."

The man in the limousine grabbed Ed's hand and stuffed a piece of paper into it. The rear window closed and the limousine drove away, leaving Ed still dripping.

Ed looked at the piece of paper in his hand.

"Come on, cat. We have to get to the motel before dark," Ed said weakly, and started to walk again.

He took one last good look at the billboard before he left^(去る) and decided to forget about it.

So he did not know why he was here.

"Okay. Now. You stay here quietly, all right?" Ed said to the cat. But the cat was still busy trying to get at Ed's bag. It slapped his face with its tail.

"Right," Ed answered for the cat, and stood up. He needed to pry the cat's claws from his bag to do so.

The New Everville Mall loomed before him. The mall contained three department stores, nine restaurants, more than forty retail shops, and a movie theater. It really was big compared to the Outside Mall, but it seemed even bigger to Ed. Everybody went shopping here. *Everybody.*

"Stay here, okay? Stay!" Ed shouted to the cat one last time as he entered the mall. The cat just snarled, looking at him dubiously.

    The mall was relatively empty since it was a regular weekday evening. The smell of aromatic candles from a gift shop was heavy in the air.

    Ed walked down the corridor, took a left, and continued on to the Food Court.

The Food Court was a large area in the center of the mall. There were all kinds of fast food stores surrounding it. Some were local, some were nationwide franchises.

Ed sat down on a bench facing the south side of the court. And there it was. Two completely vacant spots. One large, one small. Ed gulped.

No way, the voice inside him repeated. *If you think you're going to have a store in here, you're crazy.*

But Ed kept staring at the vacant spots. Mostly the smaller one. It was probably the smallest store space in the entire mall, but it was perfect for his pie shop. He could almost imagine the sign. It would be a handmade, hand-painted wooden sign. He would sell slices of pies in triangle-shaped cardboard boxes. People would eat his pies while walking around the mall.

There would be Sweet Apple Pies with Whipped Cream... Deluxe Cherry Pies... Brownies... and of course, Blueberry Pies...

Stop dreaming, Ed. You never do anything right. Don't you remember your first date? Your job in the city? Pie Heaven? Life isn't a blueberry pie, remember?

Ed closed his eyes very hard and tried to stop the voice.

He knew he would never be a great pie baker. He knew he didn't belong here.

But he knew he had to try at least one more time.

Ed stood up.

He found the manager's office on a map by the Food Court, took a deep breath, and headed there. His hands were shaking. His forehead broke out in a cold sweat. The voice in his head kept telling him he should stop right now.

The office was down a long hallway. Ed's heart was pounding by the time he came to the end of it. Around the corner, a small door welcomed him. A sign on the door read, "Mall Management."

The office was located quite a distance from the stores, so it was really quiet there in the hallway. The only sound was the low mechanical noise of the air-conditioner.

Ed took another deep breath and knocked twice. The sound of the knock seemed too loud. Ed cringed.

"Come in," a voice called from within the door. Ed opened the door slowly.

The room was filled with well-polished antique furniture. A thick, soft carpet covered the floor. The air itself smelled expensive.

Ed felt a cold shiver as he remembered his damp, battered coat and dirty clothes. The voice in his head grew louder and louder. Ed wanted to turn around and go home, but it was too late.

He didn't have a home anymore.

"What can I do for you?"

The owner of the mall was a short, round man with a mustache. His voice was calm and steady. Ed relaxed a bit.

"My name is Ed Wishbone, sir. I saw your ad for the vacancies in the Food Court and was wondering if I could apply."

"What do you sell?"

The owner asked with a polite smile.

"Uh... pies. Homemade, country pies. The traditional kind."

"Oh. Well, that sure is a coincidence. Wouldn't you agree, Mr. Lightfoot?"

The owner turned toward a sofa at the far side of the room.

The man from the limousine was sitting on the sofa with the white cat on his lap. He recognized Ed and seemed surprised.

"Yes. A coincidence. A very bad coincidence. Since I have just acquired the two vacant spaces for a Zombie Pies store. I'm sorry, but you should look somewhere else, Mr.... uh... Homemade Pie."

Ed looked past the man with the cat and found a black man standing behind the sofa. He was really tall and sturdily built. Almost twice as large as Ed. His eyes were fixed on Ed.

Ed backed up a step. Now his legs were shaking too. He knew who the man with the cat was. Everybody in Everville knew. The man's name was Jeremy Lightfoot Jr., the son of Jeremy Lightfoot, founder and leader of the Everville Rehabilitation Project. One of the richest men in town. Or maybe the state.

"Now, Mr. Lightfoot. We have agreed on the larger space, but I said I would prefer a different store for the smaller space."

The owner frowned.

"Mr. Owner, you don't understand. Zombie Pies needs room. We need both spaces."

Jeremy spoke in a forceful tone, but the owner ignored him and approached Ed eagerly.

"Two pie stores... one traditional and one... umm... innovative... not bad."

The owner studied Ed from head to toe. His eyes stopped at the bag Ed was holding. Ed hid the bag behind his back as casually as possible, but the owner had enough time to see the rolling pin sticking out of the bag.

"How much money do you have, Mr. Wishbone?"

Ed told him. Jeremy heard the amount and let out a scornful laugh. The owner just nodded. Ed blushed.

"Mr. Homemade Pie, you don't understand."

His patience running out, Jeremy's voice changed to a harsh tone.

"This is big business we're talking here. It's not a hot dog stand in a parking lot. Zombie Pies already operates in fourteen locations around the state, and we're growing quicker than any other fast food chain around. Our most popular product, 'The Pie from Hell', sells over 10,000 slices per day. You are way out of your league."

Jeremy shook his head. Ed swallowed his breath, and was about to walk away when the owner spoke.

"Wait, Mr. Wishbone. What about you? Don't you have a sales pitch?"

Ed stopped, glanced at the owner, and lowered his eyes. He wanted to say something intelligent, but he couldn't think of anything.

"I'm... I'm sorry, sir... I just like to bake pies," he said half in tears.

Jeremy laughed as if this was a big joke, but the owner continued to stare at Ed with a very serious face. Ed just stood there looking at the carpet.

The owner finally spoke.

"I'll tell you what, Mr. Wishbone. You pay me next month's rent before the mall closes today, and the smaller space is yours."

"What!?"

Jeremy stood up in astonishment. The white cat jumped out of his lap.

"What did you just say?"

"I said I will rent the smaller space to this man, Mr. Lightfoot. Not everybody likes pies with green or purple frosting. I myself prefer an apple pie better than a pie from hell."

"But this man is..."

The owner cut Jeremy off mid-sentence and said to Ed.

"Well, if you want the place, you better hurry. The mall closes at nine. You have just about an hour."

"But..."

Ed was about to say something, but the owner gently pushed him out the door with a wink. The door closed, and Ed stood there in the hallway alone. He could hear Jeremy saying something behind the door.

Ed took a step away from the door and almost fell down. His legs were really weak. He could not believe what had just happened.

Still in a dazed state, he started walking down the hallway. Past the restrooms, the video arcade, and back into the Food Court. A surge of noise welcomed him. Kids shouting, parents shouting after them, lots of music from various storefronts, and the sound of a giant metal clock striking the hour.

Ed shook his head and stared at the metal clock. Eight o'clock. One hour before closing time.

Ed started slowly toward the exit, but was almost running by his third step. The twenty-four hour bank machine was just across the intersection. He could easily get there and back in an hour.

Ed burst out of the Truman's Department Store exit and crossed the parking lot at full speed.

Once outside, the voice in his head started whispering again.

Something will go wrong, Ed. You know that. You're going to be late again.

Ed was always late.

He was always late for school. He was always late for supper. He was always the last person to find a partner for dance parties. He was always late for everything.

And he knew he would be late again this time.

Ed dashed to the intersection of Valley Mills Drive and Lake Every Drive. He was in such a hurry that he ran across the street without looking. A car almost hit him. He dove to the ground, but hurried to his feet again.

Something would go wrong. The bank machine would be out of order. Or perhaps too busy. Maybe he had not remembered his total balance correctly. He would probably be one dollar short. Maybe just one dime short.

Ed sped across the sidewalk to the bank. The bank seemed to be open. But he knew. He just knew something would go wrong. It was too good to be true.

But everything went fine.

Thirty minutes later, Ed returned to the mall's parking lot with all his money in his bag. The entrance to the mall was only a hundred feet away. He thought for the first time that maybe it was going to work after all.

He remembered seeing the mall from the bus this morning. It seemed like a long time ago. Everything else seemed like a dream.

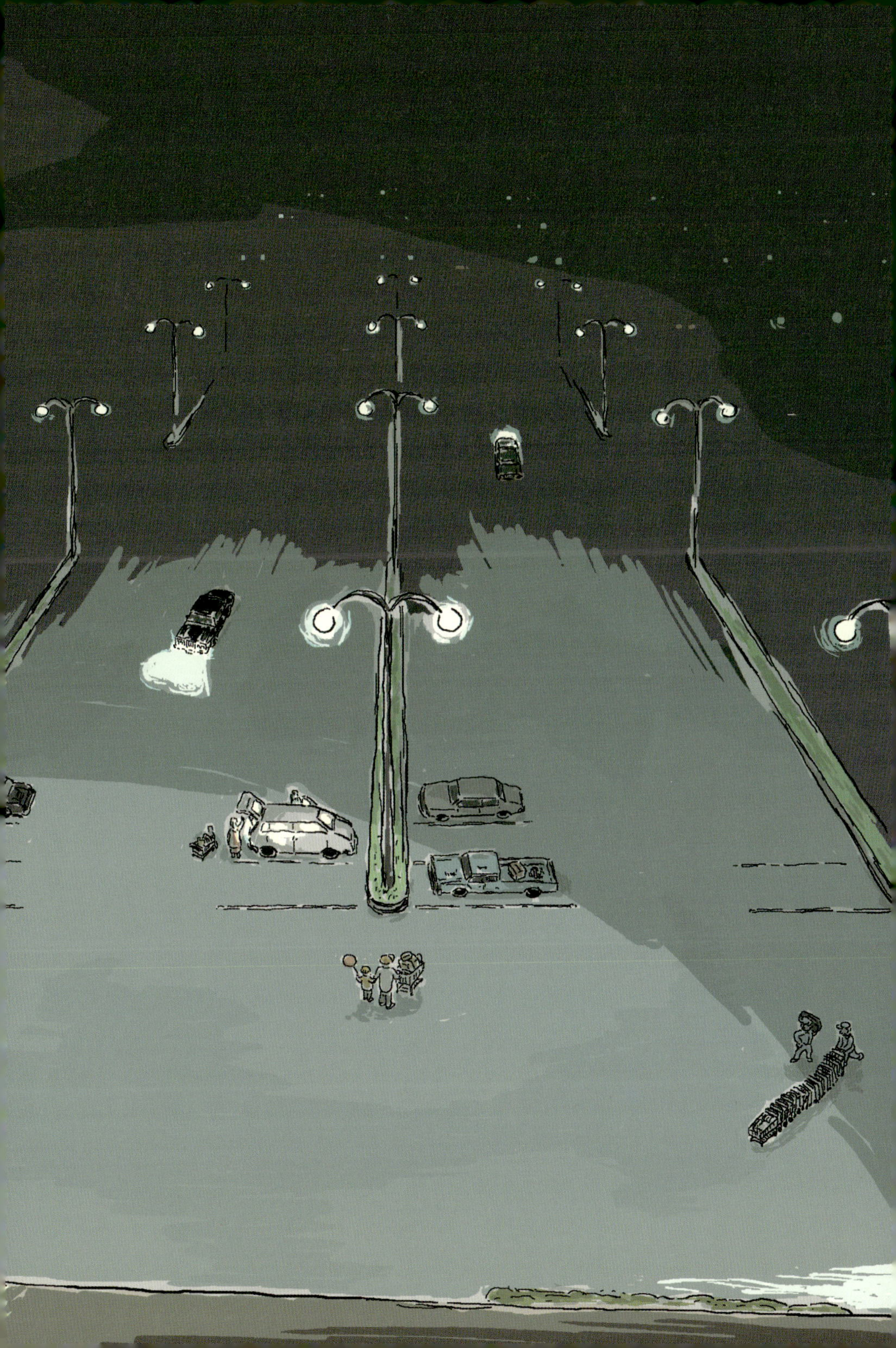

The cat, which was lying near the entrance noticed Ed coming back, or rather noticed the bag coming back. It charged toward the bag and before Ed could dodge aside, jumped at the bag.

Ed was caught totally off-balance and tumbled to the ground. The bag bounced on the parking lot asphalt and the rolling pin inside was thrown out.

"Cat! Stop..."

Before Ed could say another word, a black limousine came speeding across the parking lot. It had followed Ed stealthily all the way from the bank.

The limousine skidded up right behind him. Before Ed could turn around, a hand shot out from the window to grab the bag.

Purely by instinct, Ed tried to grab the bag first. But the car was still skidding, and the rear end hit Ed on the side. He was flung away into the bushes. He fell hard and rolled over on his back. As the car drove away, he caught a glimpse of the driver.

A tall black man.

"My money... somebody... somebody help!"

Ed got to his feet but fell down again. He was dizzy. The world around him was spinning.

It was then that he realized the cat was nowhere around.

"Cat? Cat!? Where are you!?"

Ed shouted as loud as he could, but the world around him was becoming darker and darker. No answer came back from the cat. Something warm was running down his head.

In the corner of his eye, the advertising slogan "Never too late to join the fun!" flew by, but the "too late" seemed brighter than the other words. He looked around desperately for the cat one last time before he began to faint.

"Cat..."

"Where are you...?"

to be continued:

A cat lost in town.
A man lost in life.

"Big Fat Cat and the Ghost Avenue"

COMING TO BOOKSTORES EVERYWHERE

『ビッグ・ファット・キャット、街へ行く』
をもっと読み込む

今回の舞台はアメリカの巨大なショッピング・モール。
大都会のものに比べたら、エヴァーヴィルのモールは
ミニチュアのような大きさですが、
それでもほしいものはなんでも揃っています。

物語を読み終わったら、エドたちのうしろも探してみてください。
きっといろんな新しい発見があると思います。

英語のしくみ

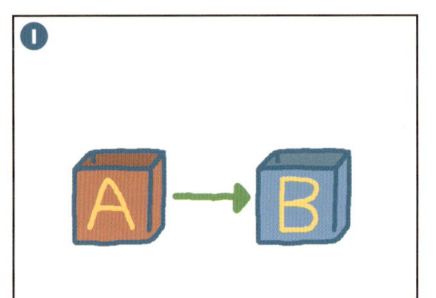

❶

英語の文のほとんどは、左図のように **A** と **B** という二つの箱と、それを結ぶ右向きの矢印という形でできています。

❷

the cat　　the pie

A の赤い箱には文の「主役」が、**B** の青い箱には「脇役」がそれぞれ入ります。主役や脇役は「人・もの・考え」などの「役者」となる言葉です。ここでは **A** の箱に「**the cat**」、**B** の箱に「**the pie**」を入れます。

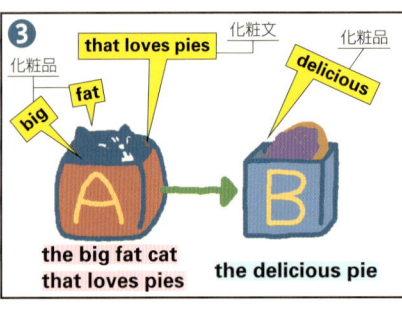

❸

化粧品　that loves pies　化粧文　化粧品
fat　big　delicious

the big fat cat that loves pies　　the delicious pie

「役者」はたいてい自分を飾るさまざまな「化粧品」を前につけて、箱に入ります。長い「化粧品」は「化粧文」として、「役者」のうしろにつきます。

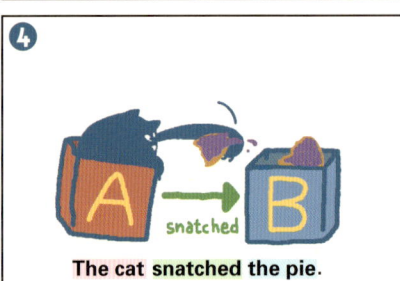

❹

snatched

The cat snatched the pie.

緑の矢印は主役が脇役に「何をしたか」です。ここでは「**snatched**（ひったくる）」しています。**A** の箱、**B** の箱、そして矢印――これら三つのパーツで「**A** が **B** に何かをする」という形の文ができあがります。この **A** → **B** が英語の基本形です。

❺ The cat snatched the pie this morning.

箱に入らなかった部分はただの「付録」です。「場所」「時間」「どのように」などを表す言葉ですが、それほど大切なものではありません。いざとなれば除外して考えてもよいくらいです。

❻ The cat is happy.

A → B 以外でよく見かける文の形はほかに二つしかありません。ひとつが **A = B** の「イコール文」。**A** の置かれている「状況」の説明が **B** の箱に入る場合です。この形では、たいていイコールは **be** の仲間（**is**、**am**、**are**、**was**、**were**）のどれかです。

❼ The cat slept.

もうひとつの文の形は、矢印の動作を主役が一人でできてしまう場合です。この時、当然 **B** が必要なくなるので **A⤴** の形になります。左図では猫は「**slept**（寝る）」しているので、この文では **B** の箱が必要ありません。

❽

ほかにもいくつかまれに出現する特殊な形がありますが、ほとんどはこの三つの形でまかなうことができます。特殊な形が登場した場合には、解説の中でそれぞれ説明していきます。

解説の読み方

ページ見出し
そのページの内容をまとめた見出しです。

ページ番号
対応する本文が載っているページ番号を表記しています。

色分け
前ページ「英語のしくみ」の説明に従って、主役（**A** の箱）を赤、矢印を緑、脇役（**B** の箱）を青に色分けしています。

文の形
A→B、**A=B**、**A↺** のいずれの文の形なのかを表記しています（一部、特殊な形もあります）。

文の解説
色分けと文の形だけでは理解しにくい文の要素を詳しく説明しています。

コーヒーブレイク
本文を読む上で役に立つ豆知識などが書かれています。息抜きに読んでみてください。

---

p.10-11　大きな看板の下

Directly in front of Ed, a huge roadside billboard advertised the New Everville Mall.
　A→B
　Directly は「障害なく直接に」というニュアンスの言葉です。Ed の視界いっぱいに billboard が広がっていて、その間に邪魔するものがないことが分かります。

Across the top of the billboard, "The New Everville Mall" was printed in golden letters, along with the phrase "Never too late to join the fun!"
　A=B
　最後のフレーズの中身は本来なら It is never too late to join the fun. It はおなじみ「時間」の代役。「late」を「never」で強く打ち消しているので、「いつでも遅くはない」になります。何が「遅くない」かというと、to 以下です。

A beautiful picture of the mall was below the words.
　A=B

Ed read the words to himself as he nibbled the remains of his sandwich.
　A→B
　to himself は「彼自身に」。「彼自身に読む」ということはすなわち「ひとりごとをつぶやく」ことです。as 以下は「時間」の付録ですが、二つの独立した文が as でつながっていると考えてもかまいません。nibbled は「カリカリと少しずつかじる」という意味で、ねずみが主役の時などによく使われます。

He felt so small.
　A↺
　この文は **A=B** と考えてもかまいません。分かりやすい方で読んでみてください。

☕ アメリカのハイウェイの左右にはやたらと巨大な立て看板が並んでいます。二階建ての家ぐらいの大きさのものもあって、どれも派手でユーモアがあり、殺風景なハイウェイの旅で唯一、ドライバーの目を楽しませてくれるものです。今やこれらの看板は、アメリカの文化を代表するアートのひとつといえるかもしれません。

解説の用語集

【否定の文】
「矢印」の周辺に no や not や never などがある場合、それは「否定の文」です（don't や didn't なども do not や did not の省略形なので not が含まれています）。こういった場合には以下のように「否定の文」の表記がありますので、文全体の最後に「〜ではない」をつけて考える必要があります。

The cat didn't like Ed.
　A→B　否定の文

Big Fat Cat Goes to Town

【命令の文】

命令口調で話したい時、英語では主役（**A**の箱）を省いて文を作ります。一番大切な主役を省くことで主役の地位を低め、同時に動きを示す矢印を前に出すことで、「大切なのは主役でなく、動きの方」というニュアンスを強調しています。このような文の場合、下記のように「文の形」の隣に表記されています。

Scratch Ed!

(**A**) → **B**　命令の文

【連結文】

二つ以上の文がandやbutなどでくっついている時には、以下のように文の形が表記されています。

Ed threw the pie and the cat chased it.

and 連結文　**A → B and A → B**

【接着剤】

in、on、at、ofなどに代表される、翻訳できない短い言葉が接着剤です。ついた言葉の意味を変化させ、より意味を深くします。代表的な接着剤は9つ。下に意味を図で表していますので参考にしてください。

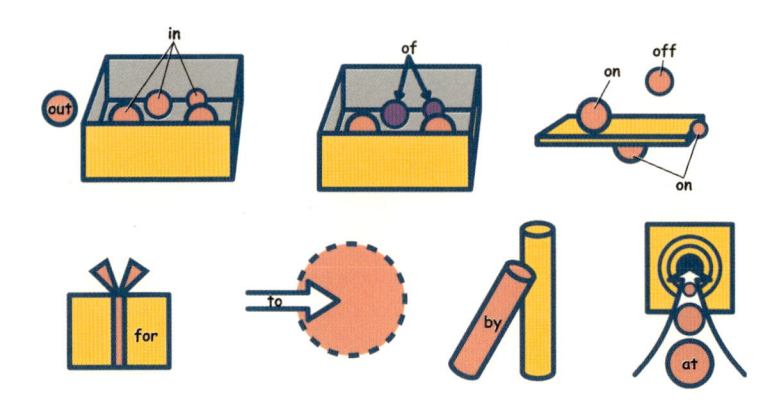

今回はシリーズ二冊目ということもあって、少し多めに解説を加えました。ただ、これらの説明はあくまで「英語の感覚」を体験するためのもので、無理に覚えたり理解したりする必要はありません。気楽に楽しんで、自然に頭に入ってくるのを待ってください。

p.04　夕暮れのヴァレーミルズ通り

It was sunset on Valley Mills Drive, one of the two main roads of Everville.
（夕暮れ　ヴァレーミルズ通り）

A = B

今回もまた、おなじみの「時間」の代役である It で幕を開けます。on Valley Mills Drive は「場所」の付録で、カンマのあとは Valley Mills Drive の具体的な説明になっています。

Ed Wishbone and his cat slowly **walked** along the road toward the center of town.
（〜に沿って　〜に向かって）

A↻

slowly は「どのように」の付録です。along からあとはすべて「場所」の付録になります。

Valley Mills Drive runs straight through the middle of Everville and into the Spyglass Mountains.

A↻

A lot of people travel on this road.

A↻

Most of them use cars.

A → B

them は前文 A lot of people の代役。「A lot of people」の「Most（過半数）」というとややこしいように思えますが、「大多数の人」ぐらいに考えてしまってだいじょうぶです。

Everville の北にある Spyglass Mountains の spyglass は小型望遠鏡のことです。「スパイ行為のためのガラス」と書いて「小型望遠鏡」を指すのは、実に分かりやすいネーミングです。かつて近隣の敵の侵入や攻撃に備えて、この山から望遠鏡で見張りをしていたのかもしれません。

p.06-07 これまでのエド

Until yesterday, Ed was a reasonably happy man owning a small pie shop.
(比較的) (所有する)
A = B

Bの箱は man が中心で、あとはすべて化粧品や化粧文です。reasonably は白黒がはっきりした言葉の多い英語の中では、珍しくあいまいな言葉です。「よくもないけれど悪くもない、でもどちらかといえばいい」という評価を下す時によく使われます。日本語ではこの種の言葉は豊富ですが、英語では貴重な表現です。

Now Ed had no home, no shop, no job, and no place to sleep.
A → B

前回のワンポイントコラム(『ビッグ・ファット・キャットとマスタード・パイ』ワンポイントコラム2参照、58ページ)で取り上げた nothing や nobody など「透明な代役」のいろんなバリエーションが出てきています。「存在しない家」「存在しない店」「存在しない仕事」「存在しない寝場所」などを「持っている」と書いて、それらを持っていないことを表現しています。

He hadn't slept all night and was very, very tired.
and 連結文　A ⤴ and (A) = B　否定の文(前半)

前半の文は今回初の「モノクロモード」です(『ビッグ・ファット・キャットとマスタード・パイ』英語のおやつ参照、85ページ)。

On top of this, it had started raining a while ago.
(少し前に)
A → B

最初の付録 On top of this の this は前二つの文における「エドの不幸な状態」の代役。それだけの不幸があって、さらにその上、この文の内容が起こったということです。It は「時間」の代役の時と同じ使い方ですが、ここでは「天気」の代役です。「時間」も「天気」も架空の代役 it を前に出して説明するのが慣例となっています。

Ed had only a half-broken umbrella which he had found in the remains of his shop.
(種がい)
A → B

which 以下は umbrella (傘) の化粧文。half はハイフン (-) をつけて使えば、ほとんどどんな単語の前に置いても使える便利な言葉です。意味は「半分」ですが、このように使う時には厳密に半分を指してはいません。「かなりの部分」を指すこともあれば、「わずかに」という時にも使えます。

Now he was homeless, shopless, unemployed, sleepy, and also wet.
（仕事を失った）
    A＝B

    四つ前の文を今度は A＝B の形で言い直しています。-less も half- ほどではないですが、いろんな言葉にくっつけて使うことができます。これも言葉自体がマイナスのイメージを持っています。less だけだと「○○より少ない」という意味ですが、何かにくっつけて使ったときは「少ない」というよりも「まったくない」という意味になります。

He was so tired that he didn't even realize the rain had stopped.
（気づく）
    that 連結文　A＝B that A→B　否定の文（後半）

    that でつながっている二つの文です。分かりにくければ that を消して、順に起きる二つの別々の文として読んでみてください。このように文やフレーズをくっつける形で登場する that は、それ自体に大きな意味はありません。たいていの場合は that を消しても文の意味が変わらないくらいです。そして、これといって訳す方法もありません。that も to と同じく、文のそこから右の部分を指さしているイメージを持った単語です。ただ、to よりも若干広くて遠い範囲を示しています。このような「つなぎ」のための that を見つけたら、that の代わりにそこに小さな人間が立っていて「さあさあ、どうぞこちらへ」と言って、先を紹介している姿に置き換えてみてください。「今まで言ったことについて、これからもっと詳しく説明しますよ」という合図のようなものだと考えてもかまいません。無理に訳そうとするより、「なんとなくある」と感じた方が分かりやすい単語です。ちなみに「場所」としての that はもう少し具体的な意味を持っています。こちらについては 79 ページの説明を参考にしてください。

Ed Wishbone had lost everything in one day.
    A→B

p.08　「ごはんはまだかね？」

Well, almost everything.
    不完全な文

    前ページ、最後の文の脇役 everything だけを、ちょっと考えてから言い直している文です。本来は Ed Wishbone had lost が almost の前につくはずです。

"Ouch!"
    不完全な文

    突然痛みを感じた時に、ほとんどのアメリカ人がとっさに口にする言葉です。さらに短い形の「Ow!」も後ほど出てきます。

Ed **jumped** at a sudden pain in his left leg.
突然の痛み

A ↩

実際には「ジャンプした」という意味よりも、「びくっとなった」という意味で jump は よく使われます。

The cat **had scratched** him.

A → B

BFC シリーズを最初から読んでいる方なら飽きるほど見ている文だと思いますので、あえて解説はつけません。多分、これからもよく見かけることになると思います。

"What **are** you doing!?"

A = B

元の形は You are doing what. です。

The cat **scratched** him again and **jumped** at the bag Ed was holding.

and 連結文　**A → B** and (**A**) → B

今度の jumped は実際に主役が「ジャンプ」しています。こういった区別をする時、ルールを探して覚えるよりも、文脈から自然に判断する方がずっと簡単でまちがいのないやり方です。それに、仮にまちがっていたからといって、気にするほど意味が変わるわけでもありません。

"Ow! **I understand**, okay!?"

A ↩

Ed **found** a spot by the road and **sat** down.
場所

and 連結文　**A → B** and (**A**) ↩

Ed found a spot by the road. という文では、二通りの色分けが可能です。

Ed found a spot by the road.

Ed found a spot by the road.

by the road は a spot の化粧文ととることもできるし、「場所」の付録ととることもできます。いずれにしても意味は大きくは変わりません。

The cat **could not wait**.

A ↩　否定の文

could は「可能」を意味する言葉です。ここでは not がついているので「可能ではない」。

It scratched at the bag's zipper with its front paw.
(動物の)脚

 A→B

 It は前文「The cat」。

> **p.09　猫は待つのが苦手**

"Okay, okay."

 不完全な文

 日本語でも「はいはい」と二回繰り返すと、少しあきらめてうなずいている印象がありますが、英語でも Okay を繰り返すと同様の印象になります。

Ed snatched the bag away from the cat.
ひったくる

 A→B

The cat attacked back angrily.
怒って

 A↩

Ed opened the bag and took out a barbecued beef sandwich.
バーベキューの

 and 連結文　**A→B and (A)→B**

He had bought it at a roadside shack several hours ago and had almost forgotten about it.
小屋

 and 連結文　**A→B and (A)→B**

 it はどちらも前文の a barbecued beef sandwich の代役です。

He tore off a small piece and held it out to the cat.
破る

 and 連結文　**A→B and (A)→B**

 後半の文の it は a small piece の代役です。tore だと「破る」だけですが、tore off だと「破り取る」ことになります。held だと自分の近くに「持っている」だけですが、held out だと、自分から離れたところに持っている——つまり「（相手に）差し出している」ことを示しています。

The hungry cat jumped up and snatched the other half instead.
代わりに

 and 連結文　**A↩ and (A)→B**

 ここでの「the other half」とはエドが差し出したサンドイッチの残りの半分です。けっきょくエドの手元に残ったのは半分どころか、五分の一ぐらいですが、それでも二つに割れたうちの「半分」にはちがいないので、half となっています。

Big Fat Cat Goes to Town

"Cat! **Give** that back! You...!!"
　　(**A**)→**B**　命令の文
　　今回初の命令の文です。消失している主役は You (= Cat) です(『ビッグ・ファット・キャットとマスタード・パイ』ワンポイントコラム 1 参照、55 ページ)。

The cat dashed away with most of the sandwich in its mouth.
　　A↩

Ed sighed and **shook his head**.
　　and 連結文　**A**↩ and (**A**)→**B**

"**Never mind**."
　　(**A**) ↩　命令の文　否定の文
　　一応命令の文なので、主役 you は消えています。mind は「気に留める」という意味ですが、never という強い否定の言葉がついているので、「絶対に気に留めない」、転じて「気にしない」となります。Never mind は慣用句なので「気にするな」と、まとめて覚えてしまった方が早いのですが、最初の一回だけは分解して意味を考えてみてください(これだけではなく、慣用句は覚えてしまう前に、一度正体を確かめておいてください)。

日本で「バーベキュー」と呼ばれている串焼き料理は、英語では「シシカバブ (shish kebab)」という料理です。アメリカで「バーベキュー」というと、甘辛いトマトソース(バーベキューソース)をつけて、柔らかくなるまでじっくり焼いたポピュラーな肉料理を指します。そうして焼かれた牛肉を薄くスライスして、たっぷりのソースとパンに挟んだのが barbecued beef sandwich です。テキサス州など南部の人が大好きな料理です。

---

p.10-11　大きな看板の下

Directly in front of Ed, **a huge roadside billboard advertised** the New Everville Mall.
　　A→**B**

Directly は「障害なく直接に」というニュアンスの言葉です。Ed の視界いっぱいに billboard が広がっていて、その間に邪魔するものがないことが分かります。

Across the top of the billboard, "The New Everville Mall" was printed in golden letters, along with the phrase "Never too late to join the fun!"
　A＝B

最後のフレーズの中身は本来なら It is never too late to join the fun！ It はおなじみ「時間」の代役。「late」を「never」で強く打ち消しているので、「いつでも遅くはない」になります。何が「遅くない」かというと、to 以下です。

A beautiful picture of the mall was below the words.
　A＝B

Ed read the words to himself as he nibbled the remains of his sandwich.
　A→B

to himself は「彼自身に」。「彼自身に読む」ということはすなわち「ひとりごとをつぶやく」ことです。as 以下は「時間」の付録ですが、二つの独立した文が as でつながっていると考えてもかまいません。nibbled は「カリカリと少しずつかじる」という意味で、ねずみが主役の時などによく使われます。

He felt so small.
　A↩

この文は A＝B と考えてもかまいません。分かりやすい方で読んでみてください。

> アメリカのハイウェイの左右にはやたらと巨大な立て看板が並んでいます。二階建ての家ぐらいの大きさのものもあって、どれも派手でユーモアがあり、殺風景なハイウェイの旅で唯一、ドライバーの目を楽しませてくれるものです。今やこれらの看板は、アメリカの文化を代表するアートのひとつといえるかもしれません。

p.12　空き店舗あり

There were also a few lines printed in the lower right corner of the board.
　A＝B

line は直訳すれば「線」ですが、この場合は「一行の文」のことを指しています。「一行の文」も遠くから見れば「線」に見えるので、こう表現されることがよくあります。ここでは a few lines になっているので、「何行かの文章」が書かれていることになります。

> **ワンポイントコラム 1 〜 There とはいったいどこか？〜**
>
> 頻繁に登場する文で「There is 〜」という形があります。このコラムの直前の There were also a few lines printed in the lower right corner of the board. という文章などがその典型的な例です。この文章は There を使わなくても書くことができます。A few lines were printed in the lower right corner of the board. とすればいいのです。では、なぜこのようにわざわざ There という代役をたてて「場所」を前に出すのかというと、それは英語の文には「前にあるものの方が大事」という暗黙の了解があるからです。ここでは「数行が印刷されている」事実よりも、「その場所に」数行が印刷されている事実の方が大事なので、代役をたてて「場所」を前に出しています。
>
> There を前に出して書くと、「○○がありました」という単純な文が「そこには○○がありました」という、やや意味ありげな文に変わります。後者の文の「そこ」は現実の場所を指すというより、文全体を強調する意味が強いことに注目してください。英語の There も前に出すと、同様の効果があります。

Vacancy in Food Court.

不完全な文

BFC BOOKS で今回はじめて登場するこの斜めの書体は「イタリック」と呼ばれている書体です。小説でこの書体が使われている時は、それは特別な文章です。この物語では主にエドの「心の声」がイタリックで示されています。これはイタリックのもっともポピュラーな使い方でもあります。

Ed read it once more as if he didn't understand.

A→B

Vacancy.

不完全な文

***No way,* a voice inside him said.**

A→B

カジュアルな言い方ながらも、かなり強く「だめ！」と言いたい時に使うのがこの No way. という表現です。「道がない」、転じて「だめ」という慣用表現になっています。この文ではせりふが一番重要なため、あえて前に出しています。会話のシーンなどでよく見かける手法です。

Don't even think about it.

(A)→B　命令の文　否定の文

it は今、エドが考えている「あること」です。何か分かりますか？

You know they require more than a year's rent in advance.
　必要とする　　　　　　　　　家賃　　先行

A→B

they はまだ見ぬ「（ニュー・エヴァーヴィル・モールの）経営者たち」の代役です。

You barely have enough money for two months' rent.
　　かろうじて

A→B

You are going to embarrass yourself if you apply.
　　　　　　　　恥をかかせる　　　　　志願する

A＝B

embarrass はもともと「誰かに恥をかかせる」という意味の言葉ですが、ここでは相手が yourself なので、転じて「恥をかく」という意味になります。if 以下は「条件」で、この条件が満たされれば、この文の内容が起きます。

Forget it, Ed.

（A）→B　命令の文

ここでの it も、四つ前の文と同じものの代役です。

> イタリックは今回のような「心の声」という使い方のほかにも、いろんな使い方ができる便利な書体です。文中で何かを強調したい時に使うのが一般的ですが、大きな声で言われたせりふ、驚いた時のせりふなどにも使うことができます。また、引用文や作品のタイトルなどが本文中に出てくる時にもイタリックが使われます。

p.13 「まだ何か隠しているんじゃないかね？」

Still, Ed continued to stare at the billboard.
　　　　　　　　　　　　じっと見る

A→B

The cat had finished its sandwich and was scratching at the bag for more.

and 連結文　A→B and（A）＝B

Ed moved the bag to his other side without taking his eyes off the sign.

A→B

『ビッグ・ファット・キャットとマスタード・パイ（54ページ）』でも使われていた take off という表現です。ここでも「接着しているものをはがし取る」ことを指しています。

今回は接着面が「看板」、接着しているのは「エドの視線」です。つまり「看板から目を離すこと」が take off なのですが、ここでは without がついているので、それができなかったわけです。どれくらい強く視線が「接着」されていたかが伝わってくる表現です。

The cat moved to his other side too.

A ↩

It apparently recognized the smell of blueberries from the rolling pin inside the bag.
明らかに判別する　　　　　　　　　　　　　　　　　　　　生地のこね棒

A → B

rolling pin とはパイ生地などをのばす時に使う道具のことです。パイやクッキーを頻繁に作るアメリカの家庭ではよく見られるキッチン用品のひとつです。実物は本文中の挿絵（42 ページ）に一番はっきり載っていますので、参考にしてください。

"Cat, stop that.

(A) → B　命令の文

ここでは Cat をカンマで切り離すことによって、A の部分をただの呼びかけに変えて、全体を主役が消失した命令の文にしています。

I'm going to..."

A = B

エドが何かを叫ぼうとしているのですが、その何かを言う前にせりふが途切れてしまっています。

p.15　大きな太った猫 vs 白い高価な猫

Ed stood there, dazed.
　　　　　　　　放心状態で

A ↩

Brown water dripped from his hair.

A ↩

The limousine stopped and backed up a few yards, and a man about the same age as Ed spoke through the rear window.
　リムジン　　　　　　　　　　　　　　　　　　ヤード (単位)

and 連結文　A ↩ and (A) ↩, and A ↩

about the same age as Ed はその手前の a man につく化粧文です。1 ヤードは約 0.9 メートルだと考えてください。

"Sorry about that."
> 不完全な文
> もともとは I am sorry about that。that はもちろん今、エドに起きた不幸な出来事のことです。

Ed just nodded.
> A ↻

Water continued to drip from his hair.
> A→B

A well-groomed white cat also popped its head out of the window.
> A→B
> popped で最初に頭に浮かぶのはなんといってもポップコーンですが、この場合はもぐらたたきのもぐらが穴からポンと飛び出す感じをイメージしてみてください。

An expensive kind of cat.
> 不完全な文
> 前文の主役を言い換えています。

The Big Fat Cat saw it and looked away.
> and 連結文　A→B and (A) ↻
> it は二つ前の文の white cat の代役です。

The white cat just smirked.
> A ↻
> smirked というのはかなり特殊な笑い方です。日本語では相当する単語がないのですが、「あざ笑う」というのが一番近いでしょうか。

---
p.16　男が手渡したもの

"Here.
> 不完全な文
> Here はある一点に注意を促す時に使う言葉です。ものを差し出す時などによく使います。

Take this."
> (A)→B　命令の文

this はリムジンの男が次の文でエドに渡すものです。

The man in the limousine grabbed Ed's hand and stuffed a piece of paper into it.

 and 連結文　A→B and (A)→B

 最後の it は Ed's hand の代役です。

The rear window closed and the limousine drove away, leaving Ed still dripping.

 and 連結文　A↩ and A↩

 leaving よりあとはすべて「どのように」drove away したかの付録です。still dripping は Ed につく化粧文です。

Ed looked at the piece of paper in his hand.

 A→B

p.17 エドはどこへ……

"Come on, cat. We have to get to the motel before dark," Ed said weakly, and started to walk again.

 and 連結文　A→B, and (A)→B

 一見、そうは見えませんが、二つの文の連結文です。前半は 59 ページでも出てきたせりふの逆転文、後半はそれに続くエドの動作を示す A→B です。せりふの中の最初の文は命令の文で、色分けはこのようになります。Come on, cat. 二つ目のせりふは A→B の文で、色分けはこうなります。We have to get to the motel before dark　ここでの have は脇役「to get to the motel before dark」という「予定」を持っているという意味です。転じて「そうしなければならない」。

He took one last good look at the billboard before he left and decided to forget about it.

 and 連結文　A→B and (A)→B

 先ほど登場した take his eyes off の形と似ているので混同しやすいかもしれませんが、こちらは off がついていません。「one good look（しっかりと見る行為を一回）」を took したということで、すなわち「一度見た」ことになります。

p.18-19　ニュー・エヴァーヴィル・モール

So he did not know why he was here.
    A→B　否定の文
    本来は前ページの最後の文につながっているはずの文です。ページの最初に So で始まる文が入るというのは考えにくいことですが、ここでは逆にその意外性を利用しています。

"Okay. Now. You stay here quietly, all right?" Ed said to the cat.
    A→B
    再びせりふが先頭に出ている形です。Now は単独でつぶやいた場合、「今」という意味ではなく、「さて」というような意味合いの置き言葉になります。あらためて何かを言う時にする咳払いのようなものだと考えてもいいかもしれません。せりふの中の You stay here quietly, all right? は命令の文ですが、誰に向けて言っているのかをはっきりさせるために、消すはずの主役「You」をあえて残しています。

But the cat was still busy trying to get at Ed's bag.
    A＝B

It slapped his face with its tail.　(パシッとたたく / しっぽ)
    A→B
    It は猫、his はエドの代役です。

"Right," Ed answered for the cat, and stood up.
    and 連結文　A→B, and (A) ↰
    これも前半は B の箱のせりふが前に出てきた形です。Right は三つ前の文で出てきたエドのせりふ all right? の返事をエド自身がしています。

He needed to pry the cat's claws from his bag to do so.　(引きはなす / つめ)
    A→B
    pry という「矢印」は何かくい込んだものを無理に引き抜く時に使います。典型的に連想されるのは「釘を抜く」イメージです。to do so の so は代役です。it などでは表現できない複雑な状況やあいまいな状況の代わりとして使われます。ここでの so は「エドが立ち上がること」。

The New Everville Mall loomed before him.　(そびえ立つ)
    A ↰
    loomed は目の前を覆うように立ちふさがっている様子を表す矢印です。before は「前方」

の意味を持つ接着剤で、通常は時間に用いられます。このような物理的な「前」を表現する場合は、in front of を使うことが一番多いのですが、in front of が比較的狭い範囲の「目の前」を表現するのに対して、before は視野いっぱいの広い「目の前」を指しています。

The mall contained three department stores, nine restaurants, more than forty retail shops, and a movie theater.
収納する　小売

A→B

ここから先のシーンは巻末の付録（99 ページ参照）を見ながら読むと、位置関係が分かりやすくなります。

It really was big compared to the Outside Mall, but it seemed even bigger to Ed.
比べる

but 連結文　A＝B, but A＝B

It は両方ともニュー・モールの代役です。これは少し言葉遊びを使って書かれた文なのでとまどうかもしれません。前半の文では「アウトサイド・モールと比べて大きかった」という事実を述べていますが、後半の文は「でも、エドにはそれよりもさらに大きく見えた」としています。通常比較できないものも、big よりも確実に大きい bigger という単語を使うと、たとえそれ以上「大きい」形が存在しなくても、問答無用で大きくなってしまう英語の「比較」を使って遊んでいます。

Everybody went shopping here.

A↻

ここでの Everybody は多少大げさなのですが、エヴァーヴィルやその周辺に住む「すべての人々」です。小さな街の人にとっての事実上の everybody です。

Everybody.

不完全な文

前の文の主役を繰り返して、強調しています。

"Stay here, okay?

(A) ↻　命令の文

Stay!"

(A) ↻　命令の文

Ed shouted to the cat one last time as he entered the mall.

A↻

The cat just snarled, looking at him dubiously.

A ⤴

「dubiously に見る」というのが猫のどういう状態なのかというと、目の間にしわをよせて、「むっ」という不満そうな表情でじっとこっちを見ている時の感じです。ためしに飼い猫にエサをやり忘れてみれば、すぐに見せてくれるはずです。ちなみに、この言葉はもちろん人間にも使えます。

p.20 モールの中

The mall was relatively empty since it was a regular weekday evening.

A = B

relatively も英語には珍しくあいまいな言葉です。意味は reasonably とほとんど同じなのですが、reasonably は誰かの考えで「比較的○○だ」と判断しているのに対して、relatively はデータを元に分析した結果、「比較的○○だ」という意味合いになり、より非感情的なニュアンスが強くなります。

The smell of aromatic candles from a gift shop was heavy in the air.

A = B

Ed walked down the corridor, took a left, and continued on to the Food Court.

and 連結文　A → B, (A) → B, and (A) ⤴

took a left は「(右と左があるうちの)左をとった」で、「左に曲がった」。

p.21 フードコートの空き店舗

The Food Court was a large area in the center of the mall.

A = B

There were all kinds of fast food stores surrounding it.

A = B

it は前文の The Food Court の代役。

Some were local, some were nationwide franchises.

A = B , A = B

Some は本来 Some fast food stores です。

Ed sat down on a bench facing the south side of the court.
    A ↻

And there it was.
    A = B
    it は次の文全体です。もともとの形は it was there ですが、ここでも there を強調するために前に出しています（ワンポイントコラム 1 参照、59 ページ）。

Two completely vacant spots.
    不完全な文

One large, one small.
    不完全な文
    前の vacant spots につくはずだった化粧品を、強調のために別の文にしています。

Ed gulped.
    A ↻
    「つばをごくっと飲み込む」という些細な人間の動作に、わざわざ言葉を設けてある英語を「面白い」と感じられたら、きっと新しい言葉に出会うことが楽しくなってくるはずです。

***No way*, the voice inside him repeated.**
    A → B
    No way だけが、「心の声」が実際に発した言葉なのでイタリックになっています。

If you think you're going to have a store in here, you're crazy.
    A = B
    If からカンマまではおなじみの「条件」なので、これも付録のようなものです——大事なのはどこまでいっても色のついた部分なので、難しければ you're crazy. だけで読むというのも、決して反則ではありません。

p.22　淡い夢

But Ed kept staring at the vacant spots.
    A → B

Mostly the smaller one.
 不完全な文
 one は vacant spot の代役です。

It was probably the smallest store space in the entire mall, but it was perfect for his pie shop.
 but 連結文　A ＝ B, but A ＝ B
 it は両方とも「小さい方の vacant spot」の代役。space は「空間」。宇宙のことを space と呼ぶのは、昔の人がそれを漠然と「巨大な空間」ととらえたからかもしれません。

He could almost imagine the sign.（看板）
 A → B
 ここからしばらく出てくる could や would などはすべて矢印やイコールの前にくっつく一種の「付録」です。could がつくと、「○○可能」というニュアンスが加わり、would がつくと「主役の意思で○○する」というニュアンスが加わります。

It would be a handmade, hand-painted wooden sign.（木製の）
 A ＝ B

He would sell slices of pies in triangle-shaped cardboard boxes.（ボール紙）
 A → B

People would eat his pies while walking around the mall.（〜の間）
 A → B

There would be Sweet Apple Pies with Whipped Cream... Deluxe Cherry Pies... Brownies... and of course, Blueberry Pies...
 A ＝ B

> whipped cream は日本でいうところの生クリーム。近年、日本ではケーキといえば生クリームのものが主流ですが、アメリカでは frosting や icing と呼ばれる、フードカラー（着色料）で色とりどりに染められた大変甘い砂糖衣（砂糖を基本材料として作られたクリームのようなもの）をべったり塗って食べるのが一般的です。

p.23 エドの決意

Stop dreaming, Ed.
　　(**A**) → **B**　命令の文

You never do anything right.
　　A → **B**　否定の文
　　ここでの right は「正しく」の right。

Don't you remember your first date?
　　A → **B**　否定の文

Your job in the city?
　　不完全な文
　　この文と次の文の頭には本来前文の Don't you remember がついているはずですが、繰り返しになるので省略されています。

Pie Heaven?
　　不完全な文

Life isn't a blueberry pie, **remember**?
　　(**A**) → **B**　命令の文
　　疑問の文であると同時に、主役が消えているので、命令の文としての強い口調も持っています。分かりにくければ、Life isn't a blueberry pie, remember? というように色分けをして、remember は is it? のような反復の言葉だと考えても、特に問題はありません。

Ed closed his eyes very hard and **tried** to stop the voice.
　　and 連結文　**A** → **B** and (**A**) → **B**

He knew he would never be a great pie baker.
　　A → **B**
　　この先三つの文は、すべて B の箱の中身が独立した完全な文になっています。この文の脇役は A = B の否定の文で、色分けすると he would never be a great pie baker になります。

He knew he didn't belong here.
　　A → **B**

この文の脇役は A⤴ の否定の文で、色分けすると he didn't belong here になります。

But he knew he had to try at least one more time.

A→B

この文の脇役は A→Bの文で、色分けすると he had to try at least one more time になります。

p.24 長い廊下を抜けて

Ed stood up.

A⤴

He found the manager's office on a map by the Food Court, took a deep breath, and headed there.

and 連結文　A→B, (A)→B, and (A)⤴

there は the manager's office の代役です。

His hands were shaking.

A＝B

His forehead broke out in a cold sweat.

A⤴

broke は「壊れる」。これに out がついているので、この場合は「壊れて出てきた」ことになります。broke out はダムが壊れて水が飛び出してくるようなイメージの言葉です。ここで壊れるダムは His forehead、飛び出してくる水は a cold sweat になります。結果、エドのひたいは in a cold sweat になってしまいます。

The voice in his head kept telling him he should stop right now.

A→B

B の箱の中の him と he は両方エド。エドに The voice in his head が「he（Ed）should stop right now」と言っているわけです。それを「kept（保つ）」するわけですから、転じて「繰り返し言い続けている」ことになります。

The office was down a long hallway.

A＝B

英語では長い廊下は「歩く」というより「下る」イメージがあるようです。そのための down です。

Ed's heart was pounding by the time he came to the end of it.
A = B
pounding は「どんどん」と激しく何かをたたくことです。結びつけて覚えておくと一番分かりやすいのが、ゴリラが胸をたたいているイメージです。ここでは Ed's heart が体の内側でそれを行っているようです。最後の it は a long hallway の代役です。

Around the corner, a small door welcomed him.
A → B
a small door was there だと、「ドアがそこにある」という位置情報だけですが、「welcomed」だと存在するだけでなく、「迎えるようにそこにあった」というニュアンスを含んでいます。welcome の場合、悪い意味はまったく含まれていません。明るく迎えています。

A sign on the door read, "Mall Management."
A → B
read は通常「読む」という動作に使われますが、ここでは主役が A sign on the door なので、「読む」という動作ができない「物体」です。一見変に思えますが、これは英語の read がただ「読む」という動作を示す言葉ではなく、「文字を解する」こと全般に使われる意味の広い言葉だからです。「A sign on the door は"Mall Management"と読めた」とすることで、エドにとってはそれがぼんやりとしか頭に入ってきていないというニュアンスを伝えています。

The office was located quite a distance from the stores, so it was really quiet there in the hallway.
so 連結文　A = B, so A = B
there は直後の in the hallway の代役です。繰り返すことで周囲の様子を強調しています。

The only sound was the low mechanical noise of the air-conditioner.
A = B
「noise」は「音」ですが、「不必要な音（雑音）」という意味も含んでいます。これに対して特に悪い意味を含まない中性的な「音」が「sound」です。音に意味がある場合は「signal」などになります。テレビの画面に入る障害が「ノイズ」と呼ばれることを考えれば、言葉のニュアンスがどう生きているかがよく分かります。

Ed took another deep breath and knocked twice.
and 連結文　A → B and (A) ↻

The sound of the knock seemed too loud.
    A＝B

廊下があまりに静かだったので、エドは自分のノックの音におどろいたようです。

Ed cringed.
    A↩

あまり見かけない矢印かもしれませんが、日本語にはない便利な言葉です。「びくっとなって身をすくめる」という意味を一語に含んでいます。

p.25 場ちがいなところ

"Come in," a voice called from within the door.
    A→B

within は「依存」の接着剤 with と、「内包」の接着剤 in を組み合わせた言葉です。from the inside でもいいのですが、within を使うと、「内側」の意味が強くなり、より内と外の隔たりがはっきりして、ただ inside とした時よりも奥の方から聞こえてくる感じがします。あと、単純に within という音の響きがかっこいいということもあります。

Ed opened the door slowly.
    A→B

The room was filled with well-polished antique furniture.
    A＝B

これは A＝B の文なので、room が「filled（満たす）」したのではなく、「filled」された状況を示しています（英語のおやつ参照、97 ページ）。ちなみにアメリカでは、いい木の家具を持っていることはひとつのステイタスです。それがアンティークならなおさらです。

A thick, soft carpet covered the floor.
    A→B

もうひとつ、お金持ちの象徴が分厚くてふかふかした柔らかいカーペットです。アメリカでは家の中も土足なので、その上を靴のまま歩くことを考えれば、なぜお金がないといいカーペットを敷くことができないか、容易に想像がつくと思います。

The air itself smelled expensive.
    A↩

Ed felt a cold shiver as he remembered his damp, battered coat and dirty clothes.
ふるえ　　　　　　　　　　　　　　　　　　　　　　　湿った　使い古した

A→B

The voice in his head grew louder and louder.
成長する

A↺

Ed wanted to turn around and go home, but it was too late.

but 連結文　A→B, but A＝B

後半の文の it は例の「時間」の代役です。ここでは「遅すぎる時間」という変わった時間帯の代役ではありますが……。

He didn't have a home anymore.

A→B　否定の文

home と house は両方「家」と訳されがちですが、house は「家」という建築物そのものを表すのに対して、home はその中に築かれた「家庭」を指します。また、家自体がなくても、「帰るべきところ」が home です。留学生にとっては祖国が home だし、遠く離れたところへ行った人には故郷が home です。すべての英語の言葉の中で love と並んでもっとも温かい言葉のひとつだといえるかもしれません。

p.26　オーナーとエド

"What can I do for you?"

A→B

もし疑問の文でない形に並べ替えたなら、I can do what for you. となりますが、この形は実在しません。

The owner of the mall was a short, round man with a mustache.
口ひげ

A＝B

「口ひげ」は mustache、「あごひげ」は beard、「ほおひげ」は whiskers と、英語ではそれぞれ別のものとしてはっきり区別されています。最後の whiskers は主に猫のひげなど、動物のひげに使われることが多い言葉です。考えてみれば全部を区別せずに「ひげ」と呼んでいる日本語の方がかえって妙なのかもしれません。

His voice was calm and steady.
冷静な　安定している

A＝B

Ed relaxed a bit.
 A ↻

 Bit という名前の小さなチョコレートが発売されていますが、まさに掌に乗るような小さなかけらが bit です。ここでは物理的な大きさのことではないのですが、ニュアンスは伝わると思います。

"My name is Ed Wishbone, sir.
 A = B

 目上の人と話す場合、とても便利なのがこの sir という言葉です。文の最後にこれをつけるだけで、どんな文も敬語に変えてしまう魔法の言葉です。ちなみに相手が女性の場合は sir ではなく、ma'am を使います。英語には敬語はないものとされていますが、これは厳密にはまちがいです。明確に決まった「しゃべり方」はないものの、単語の選び方にはある程度状況に合わせた区別があり、それによって同じ意味の単語でも使い分けています。たとえば「見る」という言葉でも、もっとも単純な形の look や see がある一方で、少し堅い言い方の observe なども存在します。しかし、これは英語に慣れないうちはまったく気にする必要はありません。

I saw your ad（広告）for the vacancies in the Food Court and was wondering if I could apply."
 and 連結文　A→B and (A) = B

 ad は「advertisement（広告）」の省略形です。日常では省略形の方をより多く使います。後半の文の if 以下はいつもの「条件」の if ではなく、wonder している内容です。

"What do you sell?"
 A→B

The owner asked with a polite smile.（親切な）
 A ↻

"Uh... pies. Homemade, country pies. The traditional kind."
 不完全な文

"Oh. Well, that sure is a coincidence.（偶然）
 A = B

 この that はとても分かりにくいと思いますが、「（エドもパイを売っているという）この状況」を指しています。

Wouldn't you agree, Mr. Lightfoot?"
　　A ⤺

The owner turned toward a sofa at the far side of the room.
　　A ⤺

　　far side は直訳するなら「遠い側」。つまり owner から見て、部屋の一番遠い部分のことを指しています。far は「遠く離れた」という「化粧品」ですが、そこにはとても冷たく寂しい、隔絶された響きが込められています。同様の意味でも away ならその隔絶感はありません。物理的にだけでなく、精神的にも離れて感じる言葉、それが far です。

---

p.27　リムジンの男、再び

The man from the limousine was sitting on the sofa with the white cat on his lap.
　　A ＝ B

　　日本語では一律にソファと呼んでいますが、アメリカでは比較的高価で上品なものを sofa、庶民的で安価なものを couch と呼ぶ傾向があります。

He recognized Ed and **seemed** surprised.
　　and 連結文　A → B and (A) ＝ B

"Yes. A coincidence.
　　不完全な文

A very bad coincidence.
　　不完全な文

Since I **have** just **acquired** the two vacant spaces for a Zombie Pies store.
　　A → B

I'm sorry, but you **should look** somewhere else, Mr.... uh... Homemade Pie."
　　but 連結文　A ＝ B, but A → B

p.28 ジェレミー・ライトフット・ジュニア登場

Ed looked past the man with the cat and **found** a black man **standing behind the sofa**.
　　and 連結文　A↩ and (A) → B = B'

He was really tall and sturdily built.
（がっちりと）
　　A = B

Almost twice as large as Ed.
　　不完全な文
　　as large as Ed なら「Ed と同じぐらい大きい」。それを「twice（二回）」なので「エドの二倍」です。

His eyes were fixed on Ed.
（固定する）
　　A = B
　　ここでの fixed は「直す」の意味ではなく、「固定する」の意味です。おそらくこちらが本来の意味で、「直す」という意味は「ゆるんだものを固定する」ことから派生したものだと思われます。

Ed backed up a step.
　　A↩
　　a step は「一歩分」を示す距離です。

Now **his legs were** shaking too.
　　A = B

He knew who the man with the cat was.
　　A→B

Everybody in Everville knew.
　　A↩

The man's name was Jeremy Lightfoot Jr., the son of Jeremy Lightfoot, founder and leader of the Everville Rehabilitation Project.
（創始者）　　　　　　　　　　　　　　　　（再建）
　　A = B
　　脇役はカンマで三つの区切りに分かれていますが、二番目の区切りが最初の区切りの詳し

い説明で、三番目の区切りが二番目の区切りの後半「Jeremy Lightfoot」の詳しい説明になっています。説明するとややこしく聞こえますが、この文のBの箱で大事なのは、最初のひと区切りだけです。

One of the richest men in town.
不完全な文

これは実質、前の文の脇役のひとつで、本来なら四つ目の区切りになるはずの部分です。三つ目の区切りと同様に「Jeremy Lightfoot」の詳しい説明になっています。

Or maybe the state.
州

不完全な文

これは One of the richest men in town. の town を思い直して、言い換えています。どちらも強調のために、別の文にしてあります。

---

p.29　ジェレミーの言い分

"Now, Mr. Lightfoot.
不完全な文

We have agreed on the larger space, but I said I would prefer a different store for the smaller space."
好む

but 連結文　A→B, but A→B

The owner frowned.
顔をしかめる

A⤴

"Mr. Owner, you don't understand.
A⤴　否定の文

Zombie Pies needs room.
A→B

room は「部屋」と訳されることの多い言葉ですが、本来は「空間」、もしくは「空いた場所」という意味です。

We need both spaces."
A→B

space もやはり「空間」ですが、room よりも大きなイメージがあります。

Jeremy spoke in a forceful tone, but **the owner ignored** him and **approached** Ed eagerly.
（力強い）（無視する）（積極的に）

    but-and 連結文　A↩, but A→B and (A)→B
    him は Jeremy の代役です。

> 日本ではあまりない習慣ですが、アメリカでは父親の名前をそのまま息子に受け継ぎ、Jr.（Junior）とつけて「二代目○○」とする場合がたまにあります。もちろん戸籍上の名前にもきちんと Jr.がついています。これに対して、「初代」の方を呼ぶ場合、何もつけないか、Sr.（Senior）を名前の最後につけます。

p.30　恐怖の質問

"Two pie stores... one traditional and one... umm... innovative... not bad."
（革新的な）
    不完全な文

The owner studied Ed from head to toe.
（つま先）
    A→B

> **ワンポイントコラム 2　～勉強のない国～**
> 意外なことに英語には「勉強する」という単語が存在しません。study は正確には「研究」や「観察」をすることで、勉強をすることではありません。代わりによく使われる言葉が work です。数学を勉強するなら「work on my math」というように表現します。もちろん、仕事をする場合にも work を使います。年齢や状況によって、work の内容が何かを聞き手が判断するわけです。「勉強」と「仕事」に同じ意味があるというのは日本ではなかなか考えにくいことですが、英語ではこれはとても自然なことです。また、work という言葉には、日本語の「勉強」が持っているいやなイメージがそれほどありません。study という言葉の方には若干それがあるので、子供が勉強をいやがる時にはどちらかというと好んで「study」と呼んでいます。

His eyes stopped at the bag Ed was holding.
    A↩

Ed hid the bag behind his back as casually as possible, but **the owner had** enough time to see the rolling pin sticking out of the bag.
（さりげなく）（突く）
    but 連結文　A→B, but A→B

"How much money do you have, Mr. Wishbone?"
    A→B

Ed told him.
    A→B

Jeremy heard the amount and let out a scornful laugh.
    and 連結文　A→B and (A)→B

The owner just nodded.
    A↩

Ed blushed.
    A↩

p.31 地獄から来たパイ

"Mr. Homemade Pie, you don't understand."
    A↩　否定の文

His patience running out, Jeremy's voice changed to a harsh tone.
    A↩

run out は何らかの燃料を消費して、それが切れてしまった（out）という時に使う言葉です。ちなみにこの文中での「燃料」はジェレミーの「patience（落ち着き）」です。

"This is big business we're talking here.
    A＝B

この This も「現在の状況」を指すあいまいな代役です。this という言葉を動作で表現すると、図 A のようなポーズで「これ！」と言っている感じです。同様に that は図 B のようなポーズで「あれ！」と言っている感じです。this や that を見かけたらこの感じが頭に浮かぶようにしておくと、すぐに this と that を使い分けられるようになります。

図 A　　　　　図 B

It's not a hot dog stand in a parking lot.
　　A＝B 否定の文
　　日本ではあまり見かけるものではありませんが、アメリカでは大型デパートやイベント会場の駐車場などには、日本の縁日の屋台のような形で、ホットドッグやアイスクリームの出店が出ていることがあります。これらはたいてい商売としてはほぼ最低限の状態で運営されているため、このようなたとえをジェレミーが使っています。

Zombie Pies already operates (営業する) **in fourteen locations around the state, and we're growing quicker than any other fast food chain around.**
　　and 連結文　**A↻, and A＝B**

Our most popular product(製品)**, 'The Pie from Hell', sells over 10,000 slices per day.**
　　A→B

You are way out of your league(級)**."**
　　A＝B
　　way は「非常に距離のある」という意味の化粧品で、「out of your league」というフレーズ全体にかかっています。league はリトルリーグ、メジャーリーグ、マイナーリーグなど野球でよく使われるイメージのある言葉ですが、実際にはあらゆる分野で同じぐらいの実力の人々や団体が集まって構成されたグループを league と呼んでいます。この文の場合は、「商売上の league」を指しています。

p.32　せいいっぱいの宣伝文句

Jeremy shook his head.
　　A→B
　　shook は「振る」という矢印ですが、頭（日本語では首）を「shook」している場合は必ず横に振っています（縦に振るのは nod）。うなずいているということはありません。手を「shook」した場合は、今度は必ず縦方向、つまり握手をしていることになります（横方向は wave）。英語には日本語のような万能な「振る」という矢印はありません。それぞれ用途によって、今回の shook（辞書形は shake）、wave、wag、swing など多種類を使い分けています。

Ed swallowed(のみこむ)**his breath, and was about to walk away when the owner spoke.**
　　and 連結文　**A→B, and (A)＝B**

about は「付近・関連」の接着剤です。ここでは「歩く」という行動にかかわろうとしている——つまり、「歩き出す寸前」だということです。about to で「～する寸前」と覚えてしまうのは簡単ですが、慣用句として覚える前に、一度だけゆっくり言葉の成り立ちを分析してみてください。

"Wait, Mr. Wishbone.
　(A) ↰　命令の文
　主役が消失していて、いきなり矢印から始まっているので一応命令の形をとっていますが、そのあと、カンマを挟んで主役をつけ足しているので、通常の命令の文よりはだいぶ口調が和らいでいます。命じているというよりは、とっさのことにあわてて、とりあえず一番大事な「待って」という矢印を発してしまってから、急いで相手の名前をつけ足したという印象を与える言い方です。

What about you?
　不完全な文

Don't you have a sales pitch?"
　A→B　否定の文

Ed stopped, glanced at the owner, and lowered his eyes.
　and 連結文　A↰, (A)→B, and (A)→B

He wanted to say something intelligent, but he couldn't think of anything.
　but 連結文　A→B, but A→B　否定の文（後半）

"I'm... I'm sorry, sir... I just like to bake pies," he said half in tears.
　A→B

p.33　ジェレミー、ショック！

Jeremy laughed as if this was a big joke, but the owner continued to stare at Ed with a very serious face.
　but 連結文　A↰, but A→B

Ed just stood there looking at the carpet.
　A↰

The owner finally spoke.
　　A⤴

"I'll tell you what, Mr. Wishbone.
　　A→B / B'
　　よく使われる慣用表現です。長い会議で決着がつかない時などに、どちらかといえば上位の立場にいる側が折衷案や最終案を提示する前に用いる言い方です。ここでの what はは っきりとした何かの代役ではありませんが、「『見つからない答え』が『what（何）』なのか教えてやろう」というニュアンスの言い方です。あとはイントネーションや口調によって、厳しい言い方にも、優しい言い方にもなります。

You pay me next month's rent before the mall closes today, and the smaller space is yours."
　　and 連結文　A→B / B', and A＝B

"What!?"
　　不完全な文

Jeremy stood up in astonishment.
　　　　　　　　　おどろき
　　A⤴

The white cat jumped out of his lap.
　　A⤴

"What did you just say?"
　　A→B

---
p.34　意外な展開

"I said I will rent the smaller space to this man, Mr. Lightfoot.
　　　　　　　　　　 かす
　　A→B
　　今まで rent は「家賃」という役者として何度か登場していますが、ここでの rent は矢印としての rent です。

Not everybody likes pies with green or purple frosting.
　　　　　　　　　　　　　　　　　　　　　さとうごろも
　　A→B

82

nobody は「まったく誰もいない」という意味ですが、Not everybody は「全員ではない」という意味です。

I myself prefer an apple pie better than a pie from hell."
 A→B

"But this man is..."
 A＝(B)

The owner cut Jeremy off mid-sentence and said to Ed. <small>文の途中</small>
 and 連結文　A→B and (A)↩
 owner が cut したのはもちろん Jeremy 本人ではありません。mid-sentence だった Jeremy の言葉です。

"Well, if you want the place, you better hurry.
 A↩
 この if は「条件」の if です。if 以下、カンマまでが後半の文が起きるための条件です。

The mall closes at nine.
 A↩

You have just about an hour."
 A→B

"But..."
 不完全な文

Ed was about to say something, but the owner gently pushed him out the door with a wink. <small>優しく</small>
 but 連結文　A＝B, but A→B

The door closed, and Ed stood there in the hallway alone.
 and 連結文　A↩, and A↩

He could hear Jeremy saying something behind the door.
 A→B＝B'

p.35 もう一度廊下を抜けて

Ed took a step away from the door and almost **fell** down.
 and 連結文　A→B and (A) ↻

His legs were really weak.
 A＝B

He could not believe what had just happened.
 A→B　否定の文

Still in a dazed state(状態), **he started** walking down the hallway.
 A→B

Past the restrooms, the video arcade(ゲームセンター), and back into the Food Court.
 不完全な文
 本来は前の文の最後につくはずの、さまざまな「場所」の付録です。ひとつひとつ通り過ぎていく感じを出すために、別の文に分けています。

A surge of noise(大きな波) **welcomed** him.
 A→B

Kids shouting, parents shouting after them, lots of music from various(さまざまな) storefronts(店頭), and the sound of a giant metal clock striking(打つ) the hour.
 不完全な文
 前文の A surge of noise を具体的に表している一文です。

> ☕ 日本で「テレビゲーム」と呼ばれているものは英語では「video game」と呼ばれています。本来、video とは audio（オーディオ）と対になる言葉で、audio は音声、video は映像全般を指します。「映像のゲーム」と書いて「video game」。それがたくさん並んでいる場所なので「video arcade（アーケード）」と呼ばれています。

p.36 閉店まで一時間

Ed shook his head and **stared** at the metal clock.
 and 連結文　A→B and (A)→B

Big Fat Cat Goes to Town

Eight o'clock.
 不完全な文
 o'clock は昔は of the clock でした。つまり eight o'clock は eight of the clock ——「時計の8」ということになります。ふつうに八時と覚えても問題はないのですが、なぜそうなっているかに興味を持てば、自然と忘れなくなります。

One hour before closing time.
 不完全な文

Ed started slowly toward the exit, but was almost running by his third step.
 but 連結文　A↩, but (A) = B

The twenty-four hour bank machine was just across the intersection(交差点)**.**
 A = B

He could easily get there and back in an hour.
 A → B
 「there（向こう）」と「back（帰り）」を get すると書いて「行って戻る」。

p.37　遅れっぱなしのエド

Ed burst(破裂する) **out of the Truman's Department Store exit and crossed the parking lot at full speed.**
 and 連結文　A↩ and (A) → B
 burst は「破裂する」という意味ですが、ここではエドが破裂したわけではなく、「破裂するように飛び出した」という意味です。どんな感じかは下のイラストを参考にしてください。

Once outside, the voice in his head started whispering(ささやく) **again.**
 A → B

***Something* will go** wrong, Ed.
 A ↻

「Something（何か）」が「wrong（まちがった）」方向へ進むと書いて、転じて「何か悪いことが起きる」。

***You* know** *that*.
 A→B

that は前の文全体の代役です。

***You're* going to be** *late* again.
 A＝B

Ed was late.
 A＝B

He was always late for school.
 A＝B

He was always late for supper（夕飯）.
 A＝B

He was always the last person to find a partner for dance parties.
 A＝B

He was always late for everything.
 A＝B

And **he knew** he would be late again this time.
 A→B

脇役の文を色分けするとこうなります。he would be late again this time

---

p.38　走れ、エド！

Ed dashed to the intersection of Valley Mills Drive and Lake Every Drive.
 A ↻

He was in such a hurry that he ran across the street without looking.
   that 連結文　A＝B that A↻
   that より前はどれほど ran しなければならない必要性があったのかを示しています。分かりにくければ、二つの文を別々に読んでみてください。

A car almost hit him.
   A→B

He dove to the ground, but hurried to his feet again.
   but 連結文　A↻, but（A）↻
   get to his feet は「足につく」転じて「立ち上がる」という説明で『ビッグ・ファット・キャットとマスタード・パイ（66 ページ）』に登場しています。ここでは get が hurried に変わっていますが、意味に大きな変化はありません。ただ、hurry ──急いでそれをしているだけです。

p.39　ふくらんでいく心配

Something would go wrong.
   A↻
   wrong は「どのように」の付録です。

The bank machine would be out of order.
   A＝B
   order（正常な順序）から out している、転じて「故障中」です。

Or perhaps too busy.
   不完全な文
   本来前の文の最後に、脇役の一部としてつくはずの文です。

Maybe he had not remembered his total balance correctly.
   A→B　否定の文

He would probably be one dollar short.
   A＝B

Maybe just one dime short.
   不完全な文

Ed sped across the sidewalk to the bank.
（疾走する）（歩道）
   A ↺

The bank seemed to be open.
   A = B

But he knew.
   A ↺

He just knew something would go wrong.
   A → B

It was too good to be true.
   A = B

   too は適正値を超えたものに対してつく「化粧品」で、ものが不必要に余った悪い状態を示します。エドにとっては good で十分なものが、good 過ぎたために、とても現実とは信じられなかったのです。

> アメリカの通貨は実に多彩です。日常用いられるコインで六種類、札は八種類。これ以外にも国が記念行事などの際に特殊な限定通貨を発行しています。札の呼び方は数字のあとに dollars をつけるだけですが（$マークを数字の前につけて表してもよい）、コインにはすべて個別の呼び方があります。1 セント玉が penny、5 セント玉が nickel、10 セント玉が dime、25 セント玉が quarter、50 セント玉が half dollar、1 ドル硬貨が dollar coin と呼ばれています。セントの場合には、数字のあとに ¢ マークをつけて表すこともできます。

---

p.40 最後の百フィート

But everything went fine.
   A ↺

   ここでの fine は「どのように」の付録です。good と fine はどっちも「良い」という意味ですが、good はどちらかというと「悪くない」という消極的な「良い」であるのに対して、fine はずっと積極的な「良い」です。もっと良い場合には very をつけるか、great、excellent、fantastic、incredible、magnificent などを代わりに使います。英語には「良い」ということを表す単語が実にたくさんあります。「すごく良い」ということを相手に伝える時にどの単語を使うかで、その人物の性格が分かるほど種類が豊富です。

Big Fat Cat Goes to Town

Thirty minutes later, Ed returned to the mall's parking lot with all his money in his bag.
   A↩

The entrance to the mall was only a hundred feet away.
   (フィート（単位）)
   A＝B
   1 フィート＝約 30.48 センチメートルなので、100 フィートだと約 30 メートルになります。

He thought for the first time that maybe it was going to work after all.
   A→B
   B の箱の中を色分けするとこうなります。that maybe it was going to work after all
it はここでも特定のものの代役ではなく、現在の状況すべてを指しています。work は「働く」という意味ですが、ここではそのすべてが「うまく働く」というニュアンスでとらえてください。

He remembered seeing the mall from the bus this morning.
   A→B

It seemed like a long time ago.
   A＝B

Everything else seemed like a dream.
   A＝B
   「Everything else」は「seeing the mall from the bus this morning」以外の「すべての出来事」です。

p.42　その時、猫が……

The cat, which was lying near the entrance noticed Ed coming back, or rather noticed the bag coming back.
   or 連結文　A→B＝B', or (A)→B＝B'
   A の箱の中の which 以下は The cat につく化粧文です。

It charged toward the bag and before Ed could dodge aside, jumped at the bag.
   (突進する)　(避ける)
   and 連結文　A↩ and (A)→B
   before Ed could dodge aside は後半の文の「時間」の付録です。

Ed was caught totally off-balance and **tumbled** to the ground.
 and 連結文　**A＝B** and (**A**) ↻
 off-balance の状態で猫の攻撃をくらったため、tumble してしまった Ed です。

The bag bounced on the parking lot asphalt and **the rolling pin inside was thrown** out.
 and 連結文　**A** ↻ and **A＝B**

"Cat! **Stop**..."
 (**A**) ↻　命令の文

> **p.43**　黒いリムジン

Before Ed could say another word, **a black limousine came** speeding across the parking lot.
 A ↻

It had followed Ed stealthily all the way from the bank.
 A→B

The limousine skidded up right behind him.
 A ↻
 skidded は「キキーッ」とタイヤのゴムをすり減らしながらすべる感じです。

Before Ed could turn around, **a hand shot** out from the window to grab the bag.
 A ↻
 shot は銃などを撃つ時に使うのがふつうですが、ここではものすごい勢いで手が窓から飛び出してきたことを表現するために使われています。

Purely by instinct, **Ed tried** to grab the bag first.
 A→B

But **the car was** still **skidding**, and **the rear end hit Ed** on the side.
 and 連結文　**A＝B**, and **A→B**
 the rear end は車の rear end です。the side は Ed の side です。

He was flung away into the bushes.
    A = B

    flung はハンマー投げのように、何かを勢いよく振ってから、その勢いを利用して投げ飛ばす動きです。

He fell hard and rolled over on his back.
    and 連結文　A↩ and (A)↩

As the car drove away, he caught a glimpse of the driver.
    A→B

    glimpse は「一瞬だけ見る」という意味の「矢印」としても使いますが、特別な化粧品 a がついていることでも分かるように、この場合は「役者」です。「一瞬の視界」という日本語にはない種類の言葉です（一応、日本語にも「一瞥（いちべつ）」というかなり難しい言葉がありますが、日常ではあまり使われていません。glimpse はその点、かなり日常的に使います）。

A tall black man.
    不完全な文

    前文の the driver を言い換えています。

p.44-45　ゆがんでいく世界

"My money... somebody... somebody help!"
    A↩　命令の文

    これも一種の命令の文です。主役は消失していませんが、somebody という特定の誰に対してでもない呼びかけなので、事実上主役は消失しているようなイメージがあります。

Ed got to his feet but fell down again.
    but 連結文　A→B but (A)↩

    got to his feet で「足につく」、転じて「立ち上がる」。

He was dizzy.
    A = B

The world around him was spinning.
    A = B

It was then that **he realized** the cat was nowhere around.
> that 連結文　A＝B that A→B
> It は「時間」の代役。分かりにくければ、「It was」と「that」を両方とって考えると分かりやすくなります。

"Cat? Cat!?
> 不完全な文

Where are you!?"
> A＝B

Ed shouted as loud as he could, but **the world around him was becoming darker and darker**.
> but 連結文　A↩, but A＝B

No answer came back from the cat.
> A↩

Something warm was running down his head.
> A＝B
> 主役の中心は Something。warm はその化粧品です。

In the corner of his eye, **the advertising slogan "Never too late to join the fun!" flew** by, but the **"too late" seemed** brighter than the other words.
> but 連結文　A↩, but A＝B

He looked around desperately **for the cat** one last time before he began to faint.
> A→B
> 付録がたくさんついている文です。付録を個別に分けるとこうなります。
> around / desperately / one last time / before he began to faint

"Cat..."
> 不完全な文

"Where are you...?"
> A－B

ビッグ・ファット・キャットの
英語のおやつ

ごはんだけではもの足りない時に
おやつを少し食べると満足します。
でも、ごはんでおなかがいっぱいになったのに
無理におやつを食べるとおいしくありません。
少しおなかに余裕ができてから食べた方が
きっと体にもいいはずです。

英語のおやつもどうか無理をして食べないでください。
おいしくないのなら、おやつを食べる必要なんてないのですから。

英語の山はどんな形？

　山を登っている時は、一歩一歩足元を確かめながら歩くのも大切ですが、足元に気を取られ過ぎると、かえって山全体の形を見失ってしまうこともあります。英語の山は決して険しい山ではありませんが、とても大きな山です。うっかり全体の形がぼやけてしまわないように、たまにはちょっと離れて英語の山を遠くから見てみましょう。

　いろんな要素があるように見えても、けっきょくA→BとA＝Bの二つの大きな山があるだけです。この山の大きさと重なり方に注意してみてください。
　大きさではA→Bの山の方が大きいのですが、A＝Bの山の方が前に出ています。これはつまりA＝Bの方が、たえずA→Bよりも優先されていることを意味しています。でも、「優先されている」っていったいどういうことでしょう？
　今回のおやつでは、今まであまり細かく触れてこなかったA＝Bの舞台裏をのぞきにいこうと思います。A＝Bのイメージがもっとはっきり分かると、読む時にA→Bとはちがう感覚で区別して読むことができるようになります。こうなると英語の物語の起伏がはっきりと分かって、各シーンの臨場感が上がるはずです。
　このための必需品はカメラのファインダーです。これさえあれば違いがよく分かります。

ファインダー越しの世界

　ここに二つの似たような文があります。唯一の違いはひとつがA→Bで、もうひとつがA＝Bの形だということです。

The cat scratched Ed.
The cat was scratching Ed.

　一見まったく同じ意味に思える二つの文ですが、さっそくファインダー越しにこの様子をのぞいてみましょう。

The cat scratched Ed.（A→B） 　　The cat was scratching Ed.（A＝B）

こうなると違いは一目瞭然です。左の **A→B** の文で重要なのは、なんといっても主役の「**動き**」ですから、「scratched（ひっかく）」という行為がはっきり分かるように、カメラは重要な部分に「ズームイン」しています。ほとんど主役（この場合は The cat）の目から見ているのに近い映像です。

これに対して、右の **A＝B** の文で大切なのは「動き」ではなく、「**全体の状況**」です。そのため、カメラはかなり「ズームアウト」して全体をとらえています。周囲の状況も含めて、ちょっと離れたところからぼんやりと「全体の状況」を眺めている感じです。

二つの写真の違いは何を重要視しているかにあります。「→」がたえず一点の「動き」を強調しているのに対して、「＝」の文はそこに存在している「状況」を把握しようとしています。小説の中では、A→B の文を多用すると、スピーディで動きが連続したシーンになりますが、A＝B の文を多用するとナレーション調になります。

be まずありき

さて、二つの文のイメージ上の違いはファインダーが明らかにしてくれましたが、これを頭に入れた上で、なぜ A＝B の方が A→B よりも優先されるのかを詳しく考えてみましょう。

一番の手がかりは「イコール」の 95％ 以上をしめる be という言葉にあります。be は「存在する」という意味の単語です。そして、まず主役が「存在する」ことは、すべての「動き」が行われる最大の前提条件です。「存在」して、はじめていろんな矢印の行動がとれるわけで、すべての動き（矢印）は「存在する」という、大きなワクの中に入っている小さなパーツだと言ってもいいかもしれません。

A＝B の文は小さなパーツには興味がありません。全体像が分かれば、それで任務完了です。そこから先の細かいことは A→B の領域です。A＝B は大まかに「ああ、確かに猫がエドをひっかいている」ということが分かれば、それで十分なのです。

基本的に「存在する」という意味でしか使えない A＝B に対して、無数の動作をどれでも当てはめることができる A→B の文の方が圧倒的に数が多いのは当然です。しかし、重要性の点では、もっとも基本的な言葉である be を中心に持った A＝B には勝てません。

A＝B が A→B に「優先する」というのはそういうことです。実際の英語の文で考えると「イコール」と「矢印（もしくはその変形）」が両方文の中心にあった時、いつも「イコール」の方が大事にされて、その文は問答無用で A＝B になるということです。

これは A ＝ B の文を読む時にはとても役に立つコツです。というのも、A ＝ B の文というのは、とてもまぎらわしい文だからです。基本的に B に「役者」しか入らない A→B の文とちがって、A ＝ B には実にいろいろな言葉が入ります。中でも一番困るのは、矢印が変形したものがさりげなく入っていることです。こういう時、少し油断すると、うっかり A→B の文だと勘違いしてしまいます（いえ、もちろん勘違いしてもいいんです。そんな致命的な問題ではないのですから。これはあくまで「おやつ」なのをお忘れなく！）。こんな時は英語の基本の基本——**ひとつの文には矢印かイコールをひとつしか使えない**、ということを思い出してください。これと「**イコールは矢印に優先する**」ことを組み合わせて考えれば、すぐに文の構造が見分けられます。つまり、文の中心となる矢印かイコールが見つかったら、ほかにどんなに「矢印っぽい」言葉があったとしても、それは決して矢印ではありません。特に be（イコール）が見つかった場合は自動的に最優先なので、もうほかに矢印はないはずです。

　ちょっとこのことを例文で考えてみましょう。B の箱の中身だけに集中できるように、すべての例文の「A ＝」までのパーツは **Ed is** に限定しておくことにします。

いろんな A ＝ B

　ふつう A ＝ B で B の箱の中身といえば、こういうタイプが一番先に浮かぶはずです。

タイプ 1　「見たままの状況」

Ed is a man.
Ed is a baker.
Ed is a member of Everville.

　これは簡単です。A と B の箱には、まったく同じものが別の名前で入っているだけです。こういう文はズームインでは表現できません。A ＝ B、つまり全体像でしか表せない文です。

　もうひとつすぐに浮かぶ A ＝ B の形はこのタイプではないでしょうか。

タイプ 2　「内面的な状況」

Ed is happy.
Ed is poor.
Ed is nice.

見たままそのものの「タイプ1」よりはいくらか複雑な形ですが、その人の内側の状況——精神的な状況を主に説明しています。これも「タイプ1」同様、A→B では表現できない種類の「ズームアウト」している全体像の文です。

それではいよいよ本番です。「矢印」が B の箱に入るというのが、どういうことかお見せしましょう。「矢印を入れる」といっても、そのまま入れてしまったら、これは反則になってしまいます。何しろ **Ed is** で、すでにイコールがひとつ使われています。

だから矢印の語尾をちょっとだけいじることにします。たとえば laugh という矢印を入れるなら、laugh の語尾に -ing を足して、laughing にして、ここでは「役者」として使います。

タイプ3 「動きの状況」

Ed is laughing.

Ed is laughing.
Ed is watching a movie.
Ed is loved by everyone.

タイプ1と2の「状況」がエドの比較的普遍の「状況」を示しているのに対して、タイプ3はリアルタイムで、エドが「その時、どんな状況にあるのか」を説明しています。本来 laugh や watch は矢印として使いたいところですが、それだと最初の二枚の写真（94ページ）のうち、左のイメージ、つまりすごく直接的な感覚になります。ここではもっと客観的にエドの「状況」を見せたいと考えて A＝B の形を使っているわけですから、すでに「矢印」が入るべき位置に「＝」が入ってしまっています。仕方ないので、「矢印」には B に入ってもらいました。

ちなみに三つ目の例文ですでに気づいていると思いますが、「矢印」に -ed をつけて「〜された」という「化粧品」にしてしまうこともできます。これまた -ing と同様に B の箱に入れてしまうことが可能です。どちらにしてもこれらの言葉はすでに「矢印」ではありません。それよりも前に be があるのですから、その時点で A＝B の文になります。

A＝B はこのように本当にいろんな形で使うことのできる、英語のもっとも基本的な文です。どんなことでも冷静に「状況」として説明してしまうので、あまり続くと退屈な文章になってしまう欠点がありますが、とにかくどんな「状況」でも、説明するには「ズームイン」するよりも、「ズームアウト」した方が分かりやすいに決まっています。

反則？　あるいはテクニック？

最後に A＝B の文を使って、ちょっとした番外編テクニックも紹介します。それは

「付録」も B の箱に入れてしまおうという裏技ともいえるテクニックです。

番外編　「位置の状況」

Ed is on the bench.

Ed is B 付録?

Ed **is** on the bench.
Ed **is** at the shop.

　この二つの例文はちょっと変わった形ですが、時々登場します。
　on the bench や at the shop を「場所」の付録と考えると、この文は「A＝」のちょっと珍しいイコールの「B 消失文」となります。そう考えてもいいのですが、**Ed is** だけで文章として考えると、かなり分かりにくくなってしまいます。こういった場合、on the bench を B の箱に入れてみると、とたんに分かりやすくなります。「Ed」が「on the bench」にいるという「位置的な状況」です。
　とにかくもともと正解不正解はないものなので、分かりやすい形で気軽に考えてください。文を感じ取るために、使える方法は全部使いましょう。

どこまでいっても A＝B

　英語の文が「一枚の写真」だとすれば、A→B や A＝B という文章の「形」は、それを写す「レンズ」のようなものです。ひとつの被写体を写すのでも、どのくらいの範囲で写すか、どのくらいはっきりピントを合わせるかで、写真そのもののイメージもずいぶん変わってきます。事実だけを伝えるなら、文にたくさんの形は必要ありません。でも、文は気持ちを伝えるものでもあります。そのあいまいな「気持ち」というものを文章に込めるために、いろんな表現や形が生まれました。意味が分かることよりも、その文に込められた気持ちを読みとることの方が、あるいは大事かもしれません。ゆっくりでいいので、そんな言葉に込められた思いも味わってみてください。

　今回は A＝B を少し細かく説明してきましたが、いかがだったでしょうか。万が一、読んで混乱したという方がいたら、すべてを忘れて、頭をリセットしてください。どこまでいっても A＝B は A＝B です。あくまで「＝」が示すとおり、「A が B だよ」という文に違いありません。大事なのは be とその仲間を見つけたら、すぐに頭の中で「＝」に置き換える――これだけ覚えておけば十分です。
　be is 「＝」。
　あ、これだと全部「＝」だ！

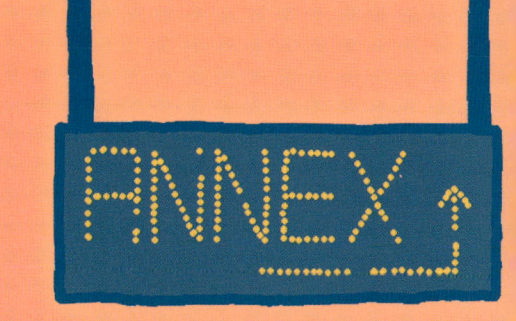

ビッグ・ファット・キャットの
付録

前回の付録はエヴァーヴィルの地図でしたが、
今回はニュー・モールのパンフレットです。
エヴァーヴィルを訪れた時、こっそり一枚いただいてきました。

もう一度物語を読み返す時には、パンフレットの
地図と照らし合わせながら読んでみると、きっと位置関係が
もっとはっきり分かると思います。

THE NEW EVERVILLE MALL

Never too late

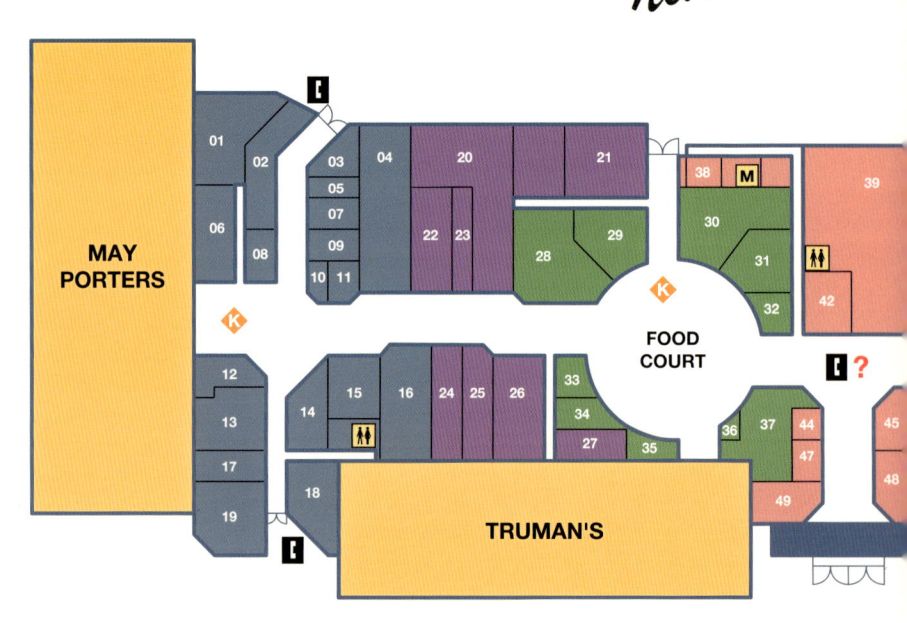

DEPARTMENT STORES
May Porters
Truman's
Truman's II
Hartland

WOMEN'S APPAREL & ACCESSORIES
47 The Distinguished Woman
15 Just For Today
53 Lilia Tharmans
54 April's Boutique
55 21st Century
16 Mom
65 Spin
39 Glamour Glamour

MEN'S APPAREL
64 Goodman's
13 The Buckle Van
12 Beast Hides
66 English Outfitters

MEN'S/WOMEN'S APPAREL
23 The Big T
26 Step
63 Weekday Apparel
60 First Choice
67 The Academy

CHILDREN'S APPAREL
58 Short Fashion Closet
18 Kids & Kids
68 Baby in Our House

WOMEN'S SHOES/FAMILY SHOES
14 Infinite Shoes
22 Payless Shoe Source

JEWELRY
52 Jewelry Repair & Design
24 Mercy Jewelers
10 Pierce Paradise
25 Glass Crafts America
44 Karat

SPORTING GOODS & APPAREL
56 Fishing Harbor
19 Racketown
41 Fast Foots

to join the fun!

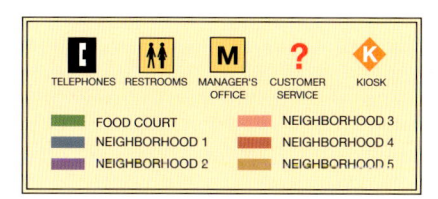

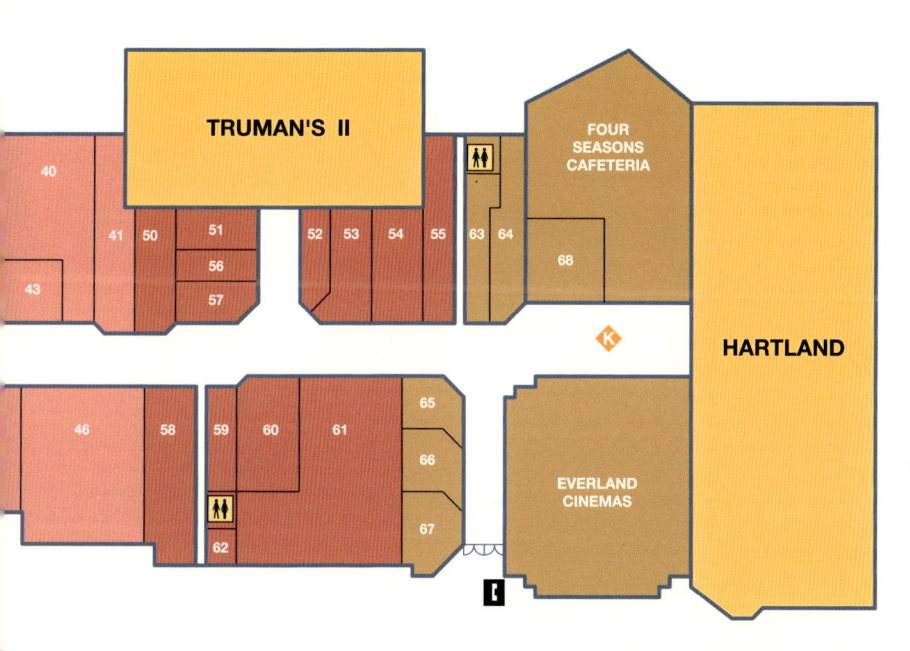

TELEPHONES	RESTROOMS	MANAGER'S OFFICE	CUSTOMER SERVICE	KIOSK
FOOD COURT			NEIGHBORHOOD 3	
NEIGHBORHOOD 1			NEIGHBORHOOD 4	
NEIGHBORHOOD 2			NEIGHBORHOOD 5	

TRUMAN'S II

FOUR SEASONS CAFETERIA

HARTLAND

EVERLAND CINEMAS

46 Best Bet Shoes
40 Goal

BOOKS, RECORDS, TOYS & ELECTRONICS
45 Golden Books
20 Seven Heavens
48 The Disk Stadium
42 Arcadia Alleyway
06 True Gamers
21 The Film Fan

SERVICE & MISCELLANEOUS
59 Wireless Communication Network
04 Body Care
05 Knight Dental Clinic
03 North Everville Eye Center

11 EMP
51 Pet Pad
09 Nail Artists
57 Dorleen Opticals
17 Magic Scissors
43 Amekia Hairstylists
02 Cool Glasses
50 Digital Media Warehouse
61 5th Street Drugstore

CARDS & GIFTS
49 Spyglass Gifts & Galore
08 Memories of Today
07 House of Cards

RESTAURANTS
32 Boston Candy Connection
35 Chicken Gourmet

31 Fast-To-Go Chinese Foods
30 Neverland Pizza Factory
34 Cookies & Cream
29 The Corner Cafe
36 ---
37 ---
28 Deep Sea Submarine Sandwiches
33 Health Camp

OTHER FACILITIES
01 Medical Center/Security Central
62 South Security Office
27 Service Central
38 North Security Office

あとがき

　前作『ビッグ・ファット・キャットとマスタード・パイ』発売直後から「続きは出るのか」というお問い合わせをたくさんいただきました。この場を借りて、スタッフ一同より感謝の気持ちをお伝えしたいと思います。
　この本をお読みになった方なら、続きが出るのかどうかはもうご存知と思いますが、ここで少しこれからのこともお話ししようと思います。

　今、スタッフは三冊目の製作に入っています。なるべく何度も読み返すことができる楽しい本にしたいという願いから、急いで出すことよりも、1ページずつしっかりと丁寧に作ることを選びました。そのため、再びお待たせしなければならないことを心苦しく感じています。どうかご理解の上、今しばらくお待ちいただければ幸いです。

　BFCスタッフも読者のみなさまと一緒に、英語と物語の楽しさを肌で感じながら、エドと猫の行く道を一歩ずつ歩いていこうと思っています。時に険しい道や大きな山もあるかもしれませんが、一緒にその旅を楽しんでもらえたなら、こんなにうれしいことはありません。──猫とエドがまだ見ぬ目的地にたどりつく時、物語がどんなラストを迎えるのか、まだ作者も、スタッフも、そして、もちろんエド自身も分かりません。でも、これだけはお約束します。
　もし分かったら真っ先にお知らせします。

スタッフを代表して
向山貴彦

　当シリーズは英文法の教科書ではなく、あくまで「英語を読む」ことを最大の目的として作られています。このため、従来の英文法とはいささか異なる解釈を用いている部分があります。これらの相違は英語に取り組み始めたばかりの方にも親しみやすくするため、あえて取り入れたものです。

STAFF

written and produced by	企画・原作・文・解説	
Takahiko Mukoyama	向山貴彦	
illustrated by	絵・キャラクターデザイン	
Tetsuo Takashima	たかしまてつを	
rewritten by	文章校正	
Tomoko Yoshimi	吉見知子	
art direction by	アートディレクター	
Yoji Takemura	竹村洋司	
DTP by	DTP	
Aya Nakamura	中村文	
technical advice by	テクニカルアドバイザー	
Takako Mukoyama	向山貴子	
edited by	編集	
Masayasu Ishihara	石原正康（幻冬舎）	
Shoji Nagashima	永島賞二（幻冬舎）	
Atsushi Hino	日野淳（幻冬舎）	
editorial assistance by	編集協力	
Daisaku Takeda	武田大作	
Kaori Miyayama	宮山香里	
English-language editing by	英文校正	
Michael Keezing	マイクル・キージング（keezing.communications）	
supportive design by	デザイン協力	
Gentosha Design Room	幻冬舎デザイン室	
supervised by	監修	
Atsuko Mukoyama	向山淳子（梅光学院大学）	
Yoshihiko Mukoyama	向山義彦（梅光学院大学）	
a studio ET CETERA production	製作 スタジオ・エトセトラ	
published by	発行	
GENTOSHA	幻冬舎	
special thanks to:		
Mac & Jessie Gorham	マック＆ジェシー・ゴーハム	
Baiko Gakuin University	梅光学院大学	

series dedicated to "Fuwa-chan," our one and only special cat

---

BIG FAT CAT オフィシャルウェブサイト
http://www.studioetcetera.com/bigfatcat

studio ET CETERA オフィシャルサイト
http://www.studioetcetera.com

たかしまてつを tt-web
http://www.tt-web.info

Joe & Jodie's Kitchen
http://www.studioetcetera.com/staff/kitchen

幻冬舎ホームページ
http://www.gentosha.co.jp

〈著者紹介〉
向山貴彦　1970年アメリカ・テキサス州生まれ。作家。製作集団スタジオ・エトセトラを創設。デビュー作『童話物語』(幻冬舎文庫)は、ハイ・ファンタジーの傑作として各紙誌から絶賛された。向山淳子氏、たかしまてつを氏との共著『ビッグ・ファット・キャットの世界一簡単な英語の本』は、英語修得のニュー・スタンダードとして注目を浴び、ミリオンセラーとなった。最新刊はたかしまてつを氏との共著『ビッグ・ファット・キャットとマスタード・パイ』。

たかしまてつを　1967年愛知県生まれ。フリーイラストレーターとして、雑誌等で活躍。1999年イタリアのボローニャ国際絵本原画展入選。著書に『ビッグ・ファット・キャットのグリーティング・カード』(幻冬舎文庫)。

ビッグ・ファット・キャット、街へ行く
2003年2月10日　第1刷発行
2019年1月31日　第8刷発行

GENTOSHA

著　者　向山貴彦　たかしまてつを
発行者　見城　徹

発行所　株式会社 幻冬舎
　　　　〒151-0051 東京都渋谷区千駄ヶ谷4-9-7

電話：03(5411)6211(編集)
　　　03(5411)6222(営業)
振替：00120-8-767643
印刷・製本所　株式会社 光邦

検印廃止

万一、落丁乱丁のある場合は送料当社負担でお取替致します。小社宛にお送り下さい。本書の一部あるいは全部を無断で複写複製することは、法律で認められた場合を除き、著作権の侵害となります。定価はカバーに表示してあります。

©TAKAHIKO MUKOYAMA, TETSUO TAKASHIMA, GENTOSHA 2003
Printed in Japan
ISBN 4-344-00282-2 C0095

幻冬舎ホームページアドレス　http://www.gentosha.co.jp/

この本に関するご意見・ご感想をメールでお寄せいただく場合は、comment@gentosha.co.jpまで。